U0076586

dp 悅知文化
Delight Press

# 人生中的廢棒
# 我又廢又棒

dooing
初生之犢
著

小犬工作室
繪

# 作者序

沒意外的話，你們應該是剛翻開書或是看完書後回來翻前言。沒關係，我一般看書其實都會略過前言，但我還是不免俗的寫一下，畢竟儀式感還是非常重要的。

我在2017年創了「__dooing__ 初生之犢」這個手寫帳號，一開始是爲了分享自己喜歡的句子。畢竟如果你單身，卻忽然發了一則與分手有關的文字，親朋好友一定會在底下關切，所以我就在這個新帳號中，透過手寫來分享有共鳴的句子。

我特別喜歡一些帶有反社會色彩的金句，第一眼看到時，不會覺得地獄、反而是會心一笑；而之所以會想笑，我相信是因爲這些句子都是

自己或大家曾有過的共同感受，而有人運用文字，把它貼切地呈現了出來。到了後期，我發文的風格慢慢轉為厭世，也從分享到開始自己創作。

人生已經夠難了，沒必要連快樂都這麼難。

希望你們能在需要笑容時，拿起這本書翻個幾頁，然後在這本書裡，找到共鳴，也找回快樂。

## 目錄

作者序

後記

Chapter 1

我是一個擁有很多優點的人

——關於自己——

Chapter 2

長大後你就會知道了

——關於生活——

## Chapter 3

### 別跑，腦子裡的水會灑

—— 討厭的人 ——

## Chapter 4

### 如果我下了地獄 至少身邊有你

—— 關於好朋友 ——

在通往地獄的路上
一路順遂

# 第一章

## 我是個擁有很多優點的人

### ——關於自己

I AM AWESOME...

剛剛摸了自己一下
啊,好痛
果然
美麗的玫瑰都帶刺

就不說我一直以來的困擾，

每天早上照鏡子都會被自己的美貌震懾到，而
每天化妝的目的是讓粉遮蓋我那逆天的美貌。

身旁朋友也都很自戀，總說自己身邊有很多蒼
蠅飛來飛去，非常困擾。

我就納悶，你是大便嗎，
不然哪來這麼多蒼蠅呢？

從國小到高中，

每學期都會有健康檢查的排程，

不瞞大家說，

聰明如我，每到這個時候，都會去剪個頭髮，

想說能不靠減肥快速減重，

真的是聰明到可以得諾貝爾和平獎。

但每當剪完頭髮站上體重計，

又會不自覺懷疑體重計的真實性，

因為減少的幅度無法以肉眼察覺。

就不說小學時還有一次我只剪了瀏海，

以為能減1公斤。


這比牙齒天使還不切實際。

每次站上體重計，
我總把肥胖怪在髮量多。

如果別人說你做不到，
那就證明給他們看，
證明他們是對的。

大家應該都有過被別人看不起、或是認為自己做不到的經驗。這時候有一個現象是「習得性無助」：一隻猴子被鐵鍊綁在森林裡，牠嘗試逃跑很多次，每次都徒勞無功，之後儘管把鐵鍊拆除了，但猴子已經不想跑了，因為牠習慣了那種失敗。

這種現象是指心理上因為不斷的失敗，對事情有種無力感，認為自己不會成功。

這不就跟我們被別人看不起時，真的就認為自己做不到的狀況一樣嗎？

我們不應該去習慣失敗，而是接受曾經的失敗，鼓起再去嘗試一次的勇氣，別只活在別人的嘴裡。

如果一個人在國小時不管多努力都只能在中段班，那他是否會認為不管他再多麼用功學習，成績依舊只能排在中間呢？就算到了國中，他突然開竅，習慣性受挫的他，還會不會再繼續努力呢？

但，故事總是有個反例。

我是個叛逆的人，如果有人說我不行，就會想要去試試看自己到底能不能成功。國中時，在段考的前一天，同學說我沒有做餅乾的天分，於是我因為做甜點的天賦沒有被他看到而憤恨不平。

於是一回家我便放下段考，開始做起巧克力豆餅乾，買了一包現成的巧克力豆，剩下的就只有麵糰的部分了。沒想到不做的話還沒事，一做還真的不得了。

先從最基本的打蛋說起，我在冰箱精心挑選一顆外殼偏灰，感覺快過期的蛋，心裡還小小驕傲了一下：「嗯！又為媽媽分憂解勞了！」一打下去才發現我打到皮蛋，之後省略一些糖加成鹽、餅乾大小不一與外焦內不熟之類必然發生的錯誤，我還是狼狼地完成兩大袋餅乾。

隔天一到學校，便開心的從一班分送到六班，迫不及待想和大家展示我的手藝，而「巧克力豆還不錯吃」成了那一天收穫最多的讚賞，儘管巧克力豆其實不是我做的。

而「你是不是想害死全校，好讓自己的排名上升」這句話，成了大家那天對我最大的質疑。

那一天，我真的是盡了全力向全校證明我沒有做甜點的天賦。（但至少發現我有做瀉藥的能力）

如果別人說你做不到，那就試著去做看看，成功的話最好，失敗的話，那就證明給他們看他們是對的。

畢竟有時候，真的是要嘗試過後才會發現有些路真的與你無緣。

每次看到賠錢大拍賣
　　我就心想
既然賠錢就不要賣了吧

有時候話說過了頭，就會帶來反效果。

太過誇獎一個人，
別人會覺得你虛偽；

太過強調買到賺到，
會讓對方心裡會產生更多的懷疑。

所以，對於事物都常抱有懷疑態度的我，
儘管看到了「賠錢大拍賣」，
還是會質疑它的真實性。
然後掏出所有的錢給他買爆。

我真是個充滿媒體識讀的優質消費者。

媽媽叫我整理房間
把房間裡礙眼的東西都清空
於是我走出了房門

我媽看不慣我那不怎麼整齊的房間，

雖說我的房間不整齊，

但至少是乾淨的，雖亂卻中有序。

全世界的媽媽好像進去兒女房間後，

不唸個兩句就會過敏似的，

每當她進到我的房間，

就會開始隨手拿起東西，

放到她認為應該在的地方，

還不忘唸上一兩句：

「妹妹啊，妳的房間比豬窩還亂，

怎麼不整理一下？」

媽，妳什麼時候看過豬有在整理自己的房間

呢？不都養豬的人在整理。

大家都想更了解自己
我就不一樣
幹嘛努力挖掘自己的一無是處
然後使自己厭惡自己呢？

沒有人是十全十美的。儘管知道這個道理，但看到許許多多優秀的人生活在這個世界上，我就會開始懷疑自己是被生下來湊數的，在中和這個世界聰明人和笨蛋的比例上，我也算是做了一些貢獻。

要從千千萬萬個缺點裡挑一個來說其實也是一件難事，但我想跟大家分享身為路痴的困擾。在路痴的腦中永遠沒有一張完整的地圖，我能記住確切的那個點，但無法把兩個地點連成線，更不能從這好幾個點所產生的面，得出道路系統的資訊。

**雖然我是路痴，卻沒有長著一張路痴的臉，從小到大很常被問路**。補習的路上、等車的途中、甚至是進校門的瞬間，都會莫名其妙地被拉住問路。舉一個小小的故事，那是發生在我去書局買筆的途中。在經過一群等紅綠燈的人群時，一位年約三十的阿姨把我拉住說：「妹妹，妳知道這附近的××怎麼去嗎？」

她說的那個地方雖然我現在一時忘了，但印象中在新竹是個知名的店，而且我也約略知道那個地方離市區不遠。可是，路痴的腦中只有點，沒有線與面的概念。我想，身為新竹人連××在哪裡都不知道是一件令人蒙羞的事情，又覺得亂指一個我不確定的方向誤導他人不是明智之舉，最後在腦中思考了0.3秒後，我皺著眉跟她說：「不好意思，我是高雄人，對新竹不太熟。」

那時，我只想說出一個離新竹很遠的地點，請她體諒身為外地人的為難。

殊不知她卻異常雀躍地跟我說：「好巧喔！我也是高雄人欸！妳是高雄哪邊的？我是鳳新那

邊的。」

當時我的臉說有多尷尬就有多尷尬,而40秒的紅燈顯得十分漫長,之後我扯出一絲微笑,試著表現出同為高雄人他鄉遇故知的喜悅,但顯然我辦不到。

眼看綠燈剛亮起,我不知道該怎麼轉移話題,於是過了一個我根本不需要過的馬路。

等她走遠後,我又等了40秒紅燈,再過一次同一條馬路。

玫瑰帶刺

人心帶私

海帶芽

我帶賽

前陣子我太過於幸運，

幸運到一種不真實的地步。

在那當下，我知道也許隔天就會開始水逆，

畢竟上天不怎麼喜歡一個過度快樂的人類。

果真隔天開始陸陸續續發生一些衰事，

鞋帶斷掉、嘴巴破洞、永遠的籤王等等，

也許上天覺得這樣還不夠，

周遭朋友的氣場也接連被我帶衰，

一位剛跟我見面後，

突然被老闆辭退的朋友對我說：

「離我遠點，你真的帶賽。」

他甚至還沒開始上班，就被裁員了。

長大後發現自己有戀物癖
特別喜歡錢

這應該是我從小發現的怪癖，而且還改不掉。

講到怪癖，我讀幼稚園的時候特別奇怪，
其他小朋友都是抓到東西就會往嘴巴裡面塞，
我比較特別，
只要拿到東西，一律往鼻子裡面塞。

還記得那天我爸媽在旁邊工作，
而我在房間裡跟哥哥玩鋼彈超人，
玩一玩，
就順手把彈珠往鼻子裡面塞，
然後就再也拿不出來了。

幸虧爸媽發現得早，

把我送急診，

醫生很緊張地詢問我的狀況如何，

我爸媽也很緊張地回答：

「我女兒把彈珠塞進右邊鼻孔裡。」

講完後大家靜默10秒。

在現場的我年紀太輕了，

沒能感受到那詭譎的尷尬氛圍，

只知道不久後醫生就拿著工具挖攪我的鼻孔，

成功的把彈珠取出來，

接著我就被爸媽默默帶回家。

現在想起來，

值得慶祝的是，

我那時塞了一顆彈珠就罷手，

不然被彈珠塞住兩鼻窒息而死，

會是一個極其荒謬的死因。

每個剪完頭髮都說剪壞的人
都有一個共同點
永遠不承認是臉的問題

高一升高二的暑假，

我看到一篇文章說罹癌的人因化療而落髮，

也因落髮而沒自信，不敢走出門。

看完這篇文章後，我隨即搜尋捐髮條件，

不染不燙而且必須長於30公分，

剛好我這三樣資格都符合。

於是，我就直接把留了十多年的長髮

剪成耳下1公分的短髮，

將剪下來的40公分長髮綁好後，

寄給周大觀文教基金會，

提供他們做假髮給罹癌兒童。

不知道當時的我是否適合短髮，

但我能確信當時善良的我極爲漂亮。

Chapter 1 ────●

我是個擁有很多優點的人

儘管
我是廢物
我發廢文
我看廢片
我吸廢氣
我喝廢水
但我不會投廢票

## 我廢。

「媽，我自己挑啦，我知道我自己想要什麼。」

小時候常嚷嚷著說知道自己想要的是什麼，但當我們長大後，擁有了可貴的選票，卻把它丟擲旁邊於不顧。

「自由就像空氣，你只會在窒息時才察覺它的存在。」有一句話這麼說。

「不關心政治的處罰，就是被糟糕的人所統治。」柏拉圖也這麼說過。

尊重每一個人的政治立場是應該的，不需要過度去批判他人的立場，但與此同時，我們也應該要尊重自己所擁有的投票權。

有些地方，儘管很有錢，

但買不起一張選票；

不富裕的我們，

擁有了可貴的選擇權，

不正該好好緊握著嗎？

在投票之前，

需要關心一些生活時事，

了解各個你所能選擇的人，

他們能帶來什麼樣的藍圖，

你是否相信他們所譜出的理想世界 ————

說是理想也許太過了，

但要知道，他是否是那個會慢慢帶領大家

靠近理想的人。

因為一旦你放棄了這個機會，
就會有其他人代替你選擇未來世界的樣子。

小時候的你，
不想讓大人們剝奪你選擇的權利，
怎麼一長大就釋懷這一切了呢？

我很廢，但我沒有廢到廢了自己的選票。

大家都說
小時候想要的東西
長大後買回來就沒有意義了
有沒有意義根本不重要
重要的是你長大後不見得買得起

「你有沒有過小時候一直很想買的東西，長大後把它買回來的經驗？」

在一次聚會中，朋友拋出了這個問題。

在我的童年裡，充滿著網頁遊戲，一放學回到家後，總會開啓「史萊姆好玩遊戲區」或「遊戲天堂」。小學三、四年級時，開始玩起忍豆風雲、摩爾莊園、養小蕃薯，有玩過的人應該都知道，前兩者遊戲可以課金*，尤其是忍豆風雲，每次的轉職都有不同程度的花費。國小時的零用錢，一天只有10元，基本上每轉一次職都要存好幾週才行，**到後來我都會買通家教老師，只要段考的分數達標，便以遊戲點數當作是獎勵，就這樣以互利共生的方式來取得老師與學生之間的平衡。**

細數我課過金的遊戲，應該只有忍豆風雲。小學五年級開始玩摩爾莊園時，沒有錢買通超級拉姆，畢竟那個不是轉職後就會一直擁有的，

而是有時效性的。小時候一直很羨慕有超級拉姆的人，因為他們擁有很多其他人沒有的特權，可以像VIP一樣進出專屬通道、特別的道具，還可以獲得眾人羨慕的眼光，**這遊戲根本是現代社會的縮影，光是超級拉姆就讓我理解到階級之間的特權差異**，更別提那時還有所謂的「幫派文化」。

從國中開始就斷斷續續地玩，畢竟讀書的重要性在當時還是排在遊戲之前。直到高三考完學測，有學校唸之後，我才靜下來思索我一直以來都想要擁有的東西，在列了一系列清單後，其中有兩項是有關童年遊戲，一是想要參加蕃薯藤繪畫比賽拿獎品，二是買通一個月的超級拉姆。

養小蕃薯這個遊戲讓我體會到自己不適合為人母，已經數不清有多少小蕃薯被我餓死，或被送進孤兒院。但這個遊戲很優質的地方在於，時常會舉辦一些比賽，小學時我還參加過著色比賽，只不過當時的畫作不被評審青睞，於是陷入了長達三天的沮喪之中。

這一次，我為了圓夢，決定再次參加著色比賽。在參賽之前，為了符合資格又再養了一隻小蕃薯，花了不到15分鐘的時間著色投稿後，沒幾天就收到來自官方的道賀信函，恭喜我獲得了優勝，並在幾天後收到了樂高玩具。我這才明白為何小學的我無法得獎，因為有另一群老阿姨為了圓夢跟小孩子比賽競爭。

題外話，我那次養的小蕃薯也毫不意外的被送進孤兒院。

圓了第一個夢後，再來就是買超級拉姆。小時候買不起超級拉姆，以為長大後可以爽快地買下去，現在想想，真的是太看得起長大後的自己。猶豫了一段時間後，還是買了，只不過這個遊戲已不像小時候那樣的盛世風華了，玩的人少了很多，從前每個伺服器都爆滿，而到現在只剩一個伺服器較多人，但不妨礙我使用超級拉姆擁有的特權。

在這一個月中我查了無數攻略，確認破了哪些任務能獲得凡人們無法得到的特殊道具、有哪些通道只有課金的人才能進去、有哪些特殊待遇、蒐集各種龍、還有買完只有擁有超拉的人

才能買的服裝。

當我興奮地講完長大後的圓夢故事後，一整桌朋友全用震驚且疑惑的眼神看著我。

「我原本問這個問題的結論是要說，長大後買不回小時候的快樂，但看起來妳挺快樂的。」提問的友人如此說。

最後，我為這段對話劃下完美句點：「幸好我小時候的夢想小而美，想買的東西太貴的話，長大後發現還是買不起豈不是更可悲？」

---

＊在遊戲中使用金錢，購買遊戲中追加資源如角色、道具等的消費行為。

Chapter 1 ——● 我是個擁有很多優點的人

# 我是個愛笑的人
## 尤其在看到別人失意時

「這個世界本來就不公平，

一分耕耘不一定會等於一分收穫，

當你真正成功時，

只有少數人真心為你感到驕傲。

一旦當你失意時，

則會出現很多與你生活無關的人，

想用嘴來左右你的人生，

恣意地為你的人生下不負責任的註解。

有些人活著，

是因爲在這世上殺人是違法的。

沒有一種人可以迎合全世界的人，

你謙虛，有人會說你做作；

你愛護小動物，有人會說你假面；

你認眞努力生活，

有人會說你自以爲人生勝利組。

最該討好的人應該是你自己，

別爲了討好別人失去自我。

我是個溫暖的人
希望能燒死討厭的人
讓他餘生不再寒冷

# 我是個孝順的人
## 幫父母分擔有錢的困擾

我自認爲是一個足夠幸運的人，

在家中不曾爲錢的問題煩惱過，

不是因爲家裡很有錢，

而是父母爲了讓我能專注於

目前的課業、興趣而努力著。

每個求學時期，

我不必爲了籌措學費而打工；

不用擔心有一餐沒一餐的日子；

我有足夠自由的空間能和朋友們玩耍，

他們給了我最大的包容，但也從不放縱。

能夠把讀書視爲求學時最痛苦的事，

我想我們都是足夠幸運的。

我是個有所堅持的人
只要有人跟我持不同意見
我會直接認定他是錯的

有那麼一句話是這樣說的：
「我不認同你的觀點，
但我誓死捍衛你發言的權利。」
話雖這麼說，
但，總會遇到難以溝通的人，
當下會思考，賦予他發言權，
其他人八成會得高血壓，
剩下的兩成就地離世。
如果你沒有遇到這種人，
當心你就是那種人。

我是個上進的人
小時偷採芎包
長大後還想學牽牛

上進心，

我認為是想要擁有，卻不想過度在意的。

其實，我們很難界定什麼是上進心，

一定要有遠大的夢想才是上進心嗎？

立志當家庭主婦算是一種上進心嗎？

如果我只想安穩的開一間小店度過餘生，

我這樣算是一個有上進心的人嗎？

我們總認為擁有上進心的人，

都擁有我們無法達成的夢想，

但這樣太辛苦了，

擁有著小夢想，

一步一步地邁進，

何嘗不是上進心的另一種形式？

別太苛責自己，

畢竟沒有人會替你對自己溫柔。

生活中一定會有一類人，你看他們的生活作息、處事態度還有做事效率，會覺得他們活得輕鬆自在，但他們卻很常把「我好辛苦、我好累、人生好難」掛在嘴上。

我知道做人不要過度去評價他人，因為你在別人眼中，可能也沒有你想像中得好，你自以為的優點，在別人眼裡可能也是過度的吹捧。

但看到不做任何事卻想獲得肯定的人，還是不禁會想：「好，我知道你很認真，但，只是認真在吃飯和睡覺。」

我是個認真的人
不管是在吃飯還是睡覺

我是個幽默的人
不管是人生還是長相
都像個笑話

「你要跟一個很帥但說話不好笑的人在一起，
還是跟一個長得醜但幽默的人在一起？」
這是一個在救女友還是救媽媽千古難題下，
另一道難解的問題。
身旁的人都說會選擇長得醜卻幽默的，
因為擁有幽默感會讓你笑，
跟他在一起會很自在。
我思索了一下，
確實，
能讓人笑是一個不可或缺的條件，
但，我會選擇長得帥卻沒幽默感的，
因為光是看到他的長相，
我想我也能痴笑一整天。
別說顏值不重要，
那是因為你沒有，
才不曉得它有多重要。

# 我是個愛乾淨的人 凡事都推得一乾二淨

我討厭很多類型的人，

其中一個就是凡事都推得一乾二淨的雷隊友。

在整理文獻、組員討論時不貢獻，

上台報告那天突然出現，

老師問到報告的缺點以及你不會的問題，

就開始說這不是你做的。

有潔癖愛乾淨沒關係，

但請不要把團隊的工作也推得一乾二淨，

因為我們也會在互評表上

把你的分數打得很乾淨。

# 第二章
## 長大後你就會知道了
### ——關於生活

LIFE IS FU**ING HARD

人生三大謊言
1. 努力就會有收穫
2. 長大後你就會知道了
3. 活著很快樂

只要活著就會面臨很多煩人的事情，
但這也才會突顯其他事情的美好。

之前看過一部韓國的社會實驗片，
一個男生正要跳河自殺，
一個女路人看到了伸手去拉住他。
那個女生說的一段話，
至今我還是覺得很溫暖：

「你如果真的想死的話，想一想，
因為今天的陽光很耀眼，所以還不能死，
因為今天的飯很好吃，所以還不能死，
從這些微小的問題開始，
問問自己能不能活下去。」

每次過年最尷尬的，

是見一群你連你們之間

關係是什麼都搞不太清楚的親戚，

有時我在想，

這群親戚是不是都拿到同一本手冊，

每個人見面說的話都大同小異，

不外乎是：「長好大了喔」

「想當初還這麼高而已」

「變漂亮了欸」

「長大後像媽媽喔！」

而爸爸可能是最委屈的，

因為長得像爸爸的話，

基本上都很難被解釋成是誇獎的話。

過年三大謊言
1. 妳變漂亮了
2. 長大後像媽媽
3. 紅包媽媽幫你保管

女生三大謊言
1. 我就看看，不會買。
2. 我要減肥。
3. 等我五分鐘。

我不記帳不是因爲懶，

是因爲害怕自己都把錢浪費在不必要的支出上。

前一陣子很流行一個app，叫做「記帳城市」，

每記一筆帳都能蓋房子。

別人玩這個遊戲，是爲了記帳並開源節流，

但我玩這個遊戲，反而因此擴大開支，

因爲一筆可以蓋一個，

有時候一整天賴在宿舍沒有什麼支出，

但又想蓋房子，

聰明如我就會去網購，

讓自己多一筆可以記的支出，

也順利把自己網購的行爲合理化。


我不相信只有我這麼做，

對吧？

學生三大謊言
1. 老師沒教
2. 我沒讀書
3. 借一張衛生紙

國高中時期，我們的抽屜裡面或椅子下方，都會放一包衛生紙，以備不時之需。但是班上一定會有那麼一種人，永遠沒有帶衛生紙。每次需要用的時候都會對著空氣喊叫著：「×××借我一張衛生紙！」然後狂抽幾張閃人，儘管被點名的同學根本不在教室，而借走的那個人，也永遠不會還。

國高中的時候，我有一陣子就擔任這種討人厭的角色，但我比較有擔當，等我記得買衛生紙時，會直接放在講臺下提供大家使用，當作還願。

高中老師三大謊言
1. 這題一定會考。
2. 講完這題下課。
3. 上大學後就輕鬆了。

小時候真的太單純了。

國中老師說，

考上好高中就可以開始玩樂；

上了好高中後，

老師又說考到好大學才一切輕鬆。

好險在我當時就相當有自主意識，

不受填鴨式教育荼毒，

堅持活出自我。

畢竟人生只有一次，

我選擇不去聽信高中老師的話。


因此，我沒有考到好大學。

家長三大謊言
1. 你是垃圾桶撿來的
2. 吃西瓜籽肚子會長西瓜樹
3. 小時候的胖不是胖

這些謊言長大後想一想會覺得特別荒謬，

尤其是根本沒有西瓜樹這個東西，

所以說要多讀書才不會被騙。

而小時候的胖，

對我來說真的是胖，

回想起每個時期的我，

都有好幾段嚷嚷著要減肥的時刻，

沒有毅力的我最後也都毫無意外的以失敗收場，

導致長大後的我，

只是一個等比例放大的小時候的我。

商家三大謊言
1. 最後一件
2. 你很適合
3. 穿得很顯瘦

儘管看破了這些都是賣家的商業套路，

但還是無法制止自己衝動購物的行為，

每進一家店，

我都在為自己的荷包做瘦身運動，

比起我本人去健身房運動效果還顯著，

甚至不會有復胖反彈的副作用。

看到商家標榜「多賣多虧」，

就像有讀書卻佯裝沒讀書這般討厭，

但我還是會忍不住買下去。

噢，我這該死的購物慾。

Line三大謊言
1. 晚安。
2. 我先去洗澡。
3. 我剛剛才看到。

通訊軟體發達之後，

聯絡彼此就不再只有打電話一種方式。

不過，儘管如此方便，

還是很常會在重要時刻聯絡不到人，

比如報告前夕、欠錢不還等，

難不成要用通靈的方式才能聯繫得到？

等到好不容易碰面時當場詢問，

對方又會丟來一句：

「那我們LINE裡說。」

嗯，那是我最接近犯罪的時候。

有讀書不一定能考得好
但沒讀書一定很輕鬆

一分耕耘不等於一分收穫，

但不耕耘絕對會很輕鬆。

人生路上，

不可能每件事都像遊戲破關一樣

有所謂的攻略，

可以用特定方式通往成功，

雖然不是努力讀書後就會拿到好成績，

但努力讀書會是一條最穩當的路，

為將來增加一些了選項，

在漫長的讀書之路中，尋找到最終想做的事。

以上這些話都是每次考差後說給自己聽的話，

支撐著我下一次考試能再努力些，

儘管不一定會考得好，

但至少對得起往後的自己。

老師說這題是送分題
我這個人就是有骨氣
別人送的我一律不拿

每當考完段考，

各科老師開始拿起試卷檢討時，

10個裡面有8個老師會對同學的提問說：

「這題是送分題啊，怎麼沒拿到分呢？」

這就奇怪了啊，週年慶說送贈品是真的送，

怎麼考試是送分題還沒給分？

加分題顧名思義是寫對了這道題可以加分，

多選題顧名思義是這道題目有多項解，

單選題代表這道題只有一個正解，

依照這個邏輯，

送分題不就不管對錯都該送分嗎？

看來除了男人的那張嘴，

老師的嘴也不可信。

跨年
一群人跨叫做跨年
一個人跨，那叫熬夜。

每年一到11月底，都會有一種集體恐慌，我想是因為知道下個月有太多該注意的節日，不論是平安夜、聖誕節，或是一年之中最後一天的跨年。會開始害怕沒有人揪，或者是在意的人沒有約你，害怕打開社群媒體後發現大家都在快樂的過節，只有自己一個人在家滑手機，看著大家散發快樂的泡泡。

我認為我滿幸運，從高中到大學，每一年的跨年都有一兩場活動可以跑，我很享受跟朋友鬧在一起，但也認為一個人過節或跨年沒有什麼好尷尬的。每個人都有自己覺得舒適的相處模式，當然也有自己特別喜歡的節日，如果不想一群人一起跨年，那就當今晚午夜12:01，是一個熬夜的日子吧。

過年
紅包錢少不要抱怨
等你長到要包紅包的年紀
你就知道為何紅包錢會少

我們家是大家族，好幾戶住在同一棟房子裡，在我國三之前的每一次過年，都會提前幾天到古早味十足的雜貨店買洞洞樂，或者是一張有很多籤的抽獎紙。等到小年夜的晚上8點，堂姐、堂哥及表哥們都會準時集合在客廳，蓄勢待發的手握零錢，盯著其他人準備的抽獎玩具，希望自己是那個抽到大獎500元的幸運兒。

小時候的我都會耍一些小聰明，當我的洞洞樂快被抽光時，我就會把我從別人那邊抽到的、自己不怎麼喜歡的玩具再放到洞裡用紙糊住，這樣又可以再多賺幾洞的錢，順便把自己不怎麼喜歡的玩具分出去。

現在想起來，雖然想撻伐小時候的自己，但又覺得不愧是聰明的我，怎能想出如此絕妙、一石二鳥的辦法。

情人節
別再玩出租情人那套了
平時不用錢都沒人要
現在還收費？

近幾年的聖誕節前夕或情人節，各大社群平台都會刮起一陣「徵求伴侶」的風潮，或是只要花錢、就可以買到一日情侶的資格。價格和型態都很多樣化，有單獨陪逛街一天、見家長、參加舞會等等。

我對這些行為抱持不反對的態度，首先這些並不犯法，而有需求就會有供應商，這樣雙方都能得其所需，算是互利共生。但我自己是不會玩這套的，畢竟當我發現自己一天開價一百，卻還是沒人找我當出租情人的話，我會陷入長達一週的自我懷疑。

白色情人節的存在讓我很困惑。

理論上，2月14日時，告白方對心儀的人告白。如果對方接受了，就要在事隔一個月後的3月14日回禮；但如果在2月14日當天兩個人互送，就不用在3月14日回禮；如果很不巧的不是互送，而是呈現三角關係的送，那3月14日也不會有回禮；再來，如果2月14日告白後，對方剛好也喜歡你，那也不用等到3月14日，可以隨時回覆。

和朋友討論後，我們一致認為定義相當可疑的白色情人節，是商人為了把2月14日剩下的糖果賣光所創立的。

白色情人節
投錢到許願池
願望都不一定會成真，
你只送個巧克力
就想收到回禮了？

母親節
母親節佔了一年中的365天

我在大學前都是住在家裡的，在家的時候偶爾
會和媽媽吵架。她說我房間很亂，我說亂中有
序；她說我懶散，我說這是慵懶風；她說動作
要快，我說慢工出細活。因為這些日常的習慣
不同，所以不用擔心家裡太安靜，基本上都會
鬥嘴個幾句、隔沒多久又一同笑鬧，就這樣吵
吵鬧鬧地過了18年。

直到上了大學，在外縣市讀書，一開始很興奮的每週都和朋友們出去夜衝夜唱，玩到了期中就更有理由不回家，在這之間與父母只剩通話。也許當距離拉長了，才能真正感受到以往父母對自己的愛。每天晚上的通話都是滿滿的關心，雖說少不了日常嘮叨，但在距離的濾鏡下，顯得格外的溫柔。到了大三大四，一有空就會回家，絕對不是因為我爸媽說回去就有車馬費。

不要只在節日才想起父母，嚴格來說，每一天都該是母親節、父親節。

平安夜、聖誕節
平安夜可以不過
聖誕節可以不過
但期末考一定要過

特別是單身狗，

都沒有伴侶陪你過平安夜、聖誕節了，

就好好待在家讀書吧。

女友會背叛你，朋友會背叛你，

但數學不會，數學不會就是不會。

凡事都要往好的方面想，

如果真的很不幸的期末考沒過，

你就會有很多寒假暑假可以過。

---

＊無用小資訊：大部分的大學最多可以休學兩年，延畢
的話可以延兩年。

生日

一個女生只要過了十八次，
就不會再細數的日子。

在18歲前，聽到二十幾三十歲的人說自己永遠是18歲時，總覺得爲何不能好好過屬於自己的時間週期，但當自己來到了20歲，就想回到年紀只有1開頭的年紀，而在這當中，最想回去的莫過於17、18歲的高中時光。

那段時光裡，我們總規律的生活著，7點半到校、跟朋友打招呼、邊打掃邊玩鬧、爲了一些小事而笑成一團、考試前的惡補，--起到老師辦公室找零食。

在那段時光裡，最辛苦的只有讀書，而長大後辛苦的就不只是讀書了。

「你今年幾歲啊？」

「我今年18。」

停頓後小聲地說：「加4歲。」

學校放鏡子
是要讓你知道人醜要多讀書

在讀書階段，印象中每棟學校大樓的樓梯轉角處，都會有左下角用紅色標楷體寫著「市政府贊助」的全身鏡。

高一時，我跟朋友都很困惑，為什麼鏡子的鏡面都蒙著--層淡淡的灰，甚至懷疑鏡子比例有點怪怪的，導致從鏡子裡反射出的自己長得很醜。隨著時間的推進，來到高三準備學測的年紀，看著萬年蒙灰的鏡子，終於理解到學校擺放這鏡子的用途，不是希望我們注重服裝儀容，而是善意地提醒：「**既然不能靠顏值吃飯，就只能認命地讀書**」。

高三的年紀，每個人都在為不明確的未來努力，希望能考取好成績換得將來大學的選擇

權。而我也不例外，認命的為前兩年的不努力付出代價，**拚命的在寫參考書、訂正、讀書的無限loop中掙扎**。

在學測前兩個月，我突然收到一封簡訊，上面寫著「恭喜，因為你參加了參考書的抽獎，抽中一台iphone 6 plus」。

思考了一段時間後，我想起自己為何在非常時期還有心情去參加抽獎。翻開參考書的第一頁就是刮刮樂，只要將裡面的序號輸入官網，就能拿到一份模擬試題與解析。當初自知歷史很爛的我，便使用這個抽獎序號去要了一份歷史題目，也導致我收到這一封疑似詐騙的簡訊。

一開始收到簡訊時，我並沒有太大的情緒，畢

竟不相信這機會是自己的，但確認一下簡訊下方提供的聯絡資訊，還真的是出版社的聯絡電話，於是在下課時和朋友一起去電詢問。

「您好這裡是ＸＸ出版社，請打分機號碼。」聽到這邊，就和朋友誇讚說詐騙集團的架勢學得好像。
按了分機號碼後，對方接起了電話，我開始詢問抽獎的事，確認這件事的真實性。

「您好，我們這裡是ＸＸ出版社，跟您確認一下是ＸＸＸ嗎？在新竹女中三年十四班就讀，是嗎？」
「咦，你怎麼知道我的資訊？」
「因為您在填寫抽獎序號時，就留下了這三個

資訊。」

嗯，好的，的確。

「首先，恭喜你獲得iphone 6 plus，我們會傳給你稅單，因為超過兩萬元以上要抽10%的稅，我們出版社會派專人直接到新竹女中、您班導的辦公室，頒發這個獎品給您，請問還有什麼問題嗎？」

聽到這裡，我已經認為不太可能是假的了，但我還是問了一句：「你們是詐騙集團嗎？」

問出口的那瞬間，我真覺得自己沒了智商；因為就算他是，有哪個詐騙集團會誠實回答。

於是，我心情平靜的又聽了兩分鐘的澄清，之後就掛上電話。

在旁邊目睹全程的朋友立刻召集全班同學過來，不到一分鐘，全班都知道了，開始在旁邊喧嘩說：「完蛋了，妳把運氣都用在這了！學測會吃屎！」

一個月後，對方真的如期到班導辦公室，拿給我iphone 6plus還拍了合照，而之後的學測也真的吃屎了，真是可喜可賀可喜可賀。

這個故事告訴我們，學校擺的鏡子請多看幾眼，理解到人醜要多讀書後，你可能會因此獲得一台iphone，然後輸了考試成績。

每個人都有自己的時區
我也不例外
別人剛起床
我才正準備要睡

這是一個關於與早起奮鬥故事。

在我讀高中時，6點半就要起床準備出門，上了大學後，因為課程的時間都可以自己安排，除非有些必修課必須排在早上，**其餘的課我都會盡量排在下午，一心想著把在高中被偷走的睡眠奪回來**，於是漸漸的能睡到中午就睡到中午，能翹課就翹課。

直到一個學期後，我發現時間都被自己浪費掉了，回顧起第一個學期，還真的找不到什麼有意義的回憶。於是，我開始參與學校活動、思考自己想做什麼，並且付諸行動；等生活步入軌道後，發現自己還是有一些除了減肥之外難以改掉的習慣，比如說：晚起。

在大一下到大二下這段期間，其實有好幾次試

圖早起卻無法成功。原先是想督促自己找回高中6點半起床的作息，但這個想法才剛一浮現就立馬被我堅定否決。

只能說我真的太了解自己，與其浪費時間想一個不可能做到的事，不如折衷想一個可能被實踐的計畫。

最後我決定循序漸進，實行無痛早起。從設定自己在中午以前起床開始，持續一段時間後，改成10點前要起床，到現在則是希望自己能在8點起床。我認為8點是一個極限，這個時間點對我來說當然還是太早，畢竟前一天有太多的劇要追。

我常常都是8點起床了，卻依舊賴在床上。
之後從網路得知，只要醒來後趕快去刷牙洗臉就能真的起床做事，後來我也照著起床後趕緊

刷牙洗臉，但還是能回床上繼續睡，這時，我才發現我果真不一般。

又過了不久，偶然間看到一篇文章，說基因會影響你所需的睡眠時間，給了我睡這麼晚的完美理由。

我心中知道，這不是晚起的藉口，雖然8點起床很難，但現在的我會希望儘管在假日，能在9點前起床，不放任自己睡到自然醒、拖延該做的事，而是坐在書桌前，寫好待辦事項，一件一件的完成，然後劃掉。

前期肯定會感到痛苦，但撐過前三週後，剩下的時間你都會慶幸當初的堅持，這讓你能享受曾經錯過的早晨日光、喝一杯早上泡的拿鐵，完成好多你本該可以完成的事，好好感受生活、好好過日子。

我的人生沒有低潮期
因為一直都在低點

過生活，難免會有一段時間處在低潮期，尤其是當你認爲最近過得很平順，但不用多久就會發生各項鳥事，你才會知道平順久了，水逆就來了。

有一陣子，我就覺得自己過得有點太平順。當冒出這個想法的隔一天，**就發現我做的每件事都會「差一點」，那種自以為可以得到的、卻在前一刻失去的感覺。**

比如我跟朋友逛百貨公司時，看到一間相當知名的甜甜圈店。

由於沒有吃過，便一如往常的google哪個是招牌、哪個大推。當我查到原味甜甜圈最受歡迎的時候，就直接加入排隊隊伍中。不過，就在

這來回不到2分鐘的時間內，前面就多了3組客人。我全程眼睛都緊盯著所剩不多的原味甜甜圈，沒想到最後一個原味甜甜圈，被我前面的那一組買走了。

又隔了三天，我與另一位朋友逛了同一家百貨公司，比之前提前了兩個小時去排隊買甜甜圈，但這次不只是原味，而是整個攤位的甜甜圈都賣完了。

正當我失落地準備離開時，朋友向我推薦隔壁某家好吃的蘋果派店，而等她買完蘋果派及其他甜點後，我手握著算得剛好的零錢，向店員點了一個蘋果派，對方面有難色地說：「妳朋友剛買走了最後一個蘋果派。」

看來老天真的是要與我作對，一次是巧合，兩次是意外，但三次絕對是天意，我獲得了每次想買的東西都會在我面前消失的魔力。

那天晚上，回到台北上課，想在公館外帶一個健康便當回宿舍休息，可能是晚餐時間，所以店內大排長龍，在我前面大約有二十多組客人。在等待過程中，我好奇地看著其他人都點了什麼口味，稍微計算一下就發現大家跟我一樣，都喜歡韓式口味。

終於輪到我點餐了，準備好足夠的錢、等待前一位客人取走餐點，開口說我要韓式便當時，收銀員轉身要拿我點的口味，又空著手轉過頭來，用著我這一週以來早已見慣的抱歉眼神說：「很抱歉，韓式口味已經賣完了。」

我的內心已毫無波瀾，習慣性地說聲沒關係後，拿著另一種我現在已經忘了是什麼口味的便當回宿舍。

回到宿舍後，我開啓電腦，準備剪輯下午剛拍攝好的影片。當事情進行到一半，電腦當機了，顯示畫面上是寫著硬碟已滿，正當我要清除一些檔案時，它又以硬碟已滿爲由無法刪除，當下眞的是滿腹問號，不就是因爲檔案滿了，所以需要我去刪除檔案嗎？

事已至此，我淡然地打給客服，詢問我該怎麼處理這個問題。在與客服對話的半小時內，明顯感覺得出來客服比我還焦急，一面指引我做一些設定，一面認爲我的電腦太過異常，出現

了各種他之前沒遇過的問題。

人生嘛，總會遇到一些意外。
但這陣子以來，我已經遇到太多了。

至今，我的感想則是，千萬不要思考人生過得
太平順這件事。否則，就會像我一樣，之後的
人生就走進上天特別賜與的漫長低點。

灰姑娘 I

王子患有失憶症
記不得共度一晚的仙度瑞拉
只能倚靠玻璃鞋找人

灰姑娘 II

因 大腳症的詛咒
以至於
整個城鎮只有他能穿下
那只玻璃鞋

醜小鴨

只有基因突變能解釋
為何長大後的鴨能變成鵝

小木偶

說謊成性的小木偶
成了奧運中
唯一不用竿子的跳高選手

白雪公主
王子親了昏睡中的白雪公主後
被移送地檢署偵辦


愛麗絲夢遊仙境
在與姐姐爭吵的過程中
愛麗絲嗜睡症復發
做了一連串的白日夢

## 童話故事集。

小時候很喜歡童話故事，因為書中描寫的人生過於夢幻。公主最終嫁給王子、詛咒終能破解、有人為你奮不顧身、沒有永遠的悲傷，但在結局之後的快樂都是永久的。

長大之後，發現現實不如童話來得簡單，自己其實是故事中陪襯公主的僕人、王子的侍衛，我們辛辛苦苦地生活，最終是看著別人成為人生勝利組，**雖說條條大路通羅馬，但有些人一出生就已經在羅馬。**

有太多太多的先天因素影響未來：若非公主怎能嫁給王子，若非長得漂亮怎能被王子所吻，

活在太甜美的童話裡，只會讓長大的我們感慨
自己的不幸。

走出童話需要勇氣。要自己跨出童年慢慢長
大，走向實際的世界裡生活，跌倒了也有可能
再也爬不起來，失敗了即使再嘗試一百次也未
必成功。

但真實世界的有趣之處，在於有更多方向可以
探索，不像童話故事般，唯有和王子結婚這條
路；真實世界的美妙，在於雖然不會有永遠的
快樂，但有其他情緒的存在，豐富了生活。

童話很美，但美不過真實的人生。

# 除了體重和下限 我沒有什麼可以超常發揮的

不知道大家有沒有因為「過於擔心一件事」，那陣子不管做什麼事都會聯想到它，而小心翼翼。害怕儘管自己就算確認過無數次，還是會出錯？

大三上學期時，我很幸運地申請到去捷克交換學生一學期，於是在我大四上學期時，必須和學弟妹一起修大三上學期的課程。在大學生涯的最後一個學期，剛開學的第二週，我心血來潮地想要算一下畢業學分，儘管在大四上時我

已經確認過，且百分之百肯定只要安穩地修完大四下學期的必修課我就能安然畢業，就只是想要重新確認。

那時是星期四的晚上，接近8點。我剛吃完晚餐，慵懶地躺在床上用電腦登入學校系統，點進歷年成績單，另一個畫面則是點開畢業門檻該修完的學分，開始慢慢核對是否符合每一項資格。直到核對到選修課需要有40個學分那一格，我從已獲得學分的成績單上，不論怎麼數都只有37學分，硬生生差了3個學分。

於是，開始查加退選的時間，才發現在開學第一週是加退選最後期限，而我在第二週才驚覺這個問題，這是我第一次深切感受到何謂天要亡我，不得不亡。

之後，又開始查加簽的資料，發現學校對於加簽並沒有明文規定，基本上是看該堂課是否還有空位，如果有的話，就要看老師願不願意手動幫你加簽。當時我真的緊張到如果我有穿包大人應該就會直接尿出來。我花了一個小時找到了系上的兩堂選修課，確保時間不會衝堂，而且學分數總共超過3個學分，接著立刻搜尋老師們的信箱，馬上發信詢問加簽，同時也祈禱這兩門課都能加簽成功。

為何準時畢業對我來說這麼重要？首先，選修課無法暑修，所以一定得為了那3個學分，多繳一個學期的學費；再來，我推甄上研究所，也簽了切結書，如果在7月底沒辦法準時交出大學畢業證書，研究所的資格也將被取消。當時的我已抱著如果那兩堂課的老師願意加簽，

**每堂課我都會跪著上的誠意。**

甚至，我還著急到私訊畢業指導老師，請教這個狀況該如何處理。指導老師是一位和藹的叔叔，他回覆我 ：「震撼啊！妳如此聰慧，怎會出這種事？這件事不能開玩笑！！」

看到老師回覆了一堆全形驚嘆號，就知道他有多麼驚訝了。

在得到對現況沒有幫助的訊息後，就開始等待其他老師回覆我關於加簽的信件。同時，很多朋友也開始幫忙尋找其他可能的辦法，最後得出的共同結論是隔天一大早去系辦詢問，同時等待加簽的回覆。

到了晚上10點整，我不死心的再對 一次成績單，深吸一大口氣，靜下心來再算一次。我才發現，儘管只有19堂課（18堂是2學分，1堂課

是1學分），但其中有兩堂我修了全學年課，代表那兩門課應當以4學分計算，這表示我不用加簽任何一門課也可以如期畢業，這項消息把我從鬼門關前硬生生拉回人間。

看來我的人生就是在不停刷低我的下限，挑戰一個人能犯蠢的極限在哪。

之後也把這個消息跟指導老師與朋友們說，不免被他們撻伐一番，最後仍替我鬆了一口氣。

而隔天，我遇到了指導老師，他問：「那個，妳昨天晚上到底……」

我：「老師，沒事，我耍智障，最後發現我可以準時畢業！」

那時，我看到指導老師臉上，彷彿掛滿了許多全形的問號。

# 第三章
# 別跑，腦子裡的水會灑

## ——討厭的人

看到討厭的人在低谷
我都會伸出我溫暖的手
把他們推向深淵

講出三個讓你討厭的人事物，你能想到什麼？對我而言，大概是蟑螂、蚊子、不負責任的人。

每個人都有自己討厭的東西，其實不用硬逼自己去喜歡或接受，與其勉強自己改變，不如接受自己當下最真實的感受，也許時間會改變對方，也許之後的我就可以接受了。

但至少現在，不要強求我在看到討厭的人事物後，還要伸出溫暖的手接納異己，我擔心自己一旦伸出手，恐怕只想把他推到離我更遠的地方去。

團體中難免都有些雷隊友
老師總叫我們
用愛和同理心去對他們
但凡老師有點愛和同理心
他就不會說出這種話了

在求學生涯中，我還沒聽過有人沒遇上雷隊
友，如果沒有，很有可能代表他自己就是那位
雷隊友。

雷隊友分成很多類型，其中我最看不慣的是，當你在報告前夕跟他要檔案時會自動消失的魔法師。他的技能是在報告截止日前一週絕對聯絡不上，當你祭出大招打電話給他時，只會聽到重複的手機鈴聲後直接轉語音，但神奇的是你依然能看到他有時間發出去玩的限時動態，這時候真的會懷疑我們是否存在於同一個空間，又或是他存在的魔法世界裡，容下不身為麻瓜的自己。

我的朋友Z在去年時分組拍片裡也遇到位魔法師，開會時都不會到，份內工作一項也沒做，也許是語言不通，多次溝通後也無效，直至拍攝前夕被麻瓜們召喚後才開始動作，但到了拍攝現場才發現，他準備好的東西其實都離預想的差很多，啊，可能是法力不足，所以出來的東西都是半成品。

Z與他的麻瓜夥伴們在拍完片後，把這種情況報告給老師，畢竟小廟供不起大佛，希望這尊魔法師在下學期時能移駕到其他魔法世界。當老師約談魔法後，心情不好的魔法師開始使用暗黑魔法，在網路上用鍵盤攻勢洗Z與朋友們的版，身為魔法師一定會做基本的偽裝，他用了另一位非本人的帳號去Z的文章下發表一些情緒性的留言，並在洗版的最後留下一句「你什麼都不用做，我們學校見。」

從這裡可以看得出魔法師們的善良，儘管在失控過後還能盡可能表示友好的留下這句。

在故事的最後，魔法師還是離開了不屬於他的世界，也許有更適合他的地方吧。

每個人都會犯錯，偶爾漏接了訊息、做的東西不盡理想、遲到等等，都是十分正常的現象，不會因為幾次的犯錯而稱對方為雷隊友。但

是，如果每次都發生同樣的事情，並且都需要其他人幫你善後，那麼，這個稱號就真的名副其實，畢竟大家都是一個團隊，作品呈現的是大家一起努力的成果，如果因為某個人毀了其他人準備了幾個月的東西，任誰都會不開心吧？

剛上大學時，我總會擔心自己是否會增加別人的工作量，怕自己做得不夠好、會被別人閒話，怕自己回覆得不夠快、會被說對工作不上心。後來才發現，其實組員們都能看得出來彼此是否真的用心，只要犯了錯願意積極改正就夠了，你不用一開始就做得完美，在努力的過程中也同樣能獲得青睞。

愛和同理心不要被濫用，適時地捍衛自己的權利，好好保護自己，你的愛和包容，值得用在其他地方，絕對不是雷隊友身上。

人生就是一場試煉
不多活幾天
我還以為我很有耐性

國中時，

全校要推派三個人

來當IQ、EQ、MQ的校內代表，

我既沒有高智商也沒有道德智商，

沒想到老師們居然推派我

當EQ情緒智商的代表。

也許是當時的我，

幾乎不會發脾氣或感到憤怒，

被大家認為比較能處理自己的情緒。


直至上大學前，

我都篤信自己是個極有耐心和包容力的人，

活到大學之後，

我才發現是以前的我真是太天真了。

不要隨意嘲笑別人
除非你忍不住

但大部分的時候，我都無法忍住。

我身旁的朋友都知道我是個聽到特別開心或是荒謬至極的事情後，一定會忍不住笑出來的人，儘管所謂的「荒謬至極」，不見得是什麼好事。

在大四分組的時候，我們這組出現了一個雷隊友。這位雷隊友曾經跟我很要好，所以同組之後我自然認為她是個負責任的人，但事情總不如我想像般美好，以下，就以「閃電霹靂」這個可愛暱稱來稱呼她好了，把這件往事當作是輕鬆好笑的故事。

當初分配工作時，分給閃電霹靂的事情以量來

說是最輕的，但她卻把分內的工作，以命令的口吻推給我的另一個朋友去做，而這個朋友是外校生甚至唸不同專業科目的，是因為我的牽線他們兩人才認識。閃電霹靂推工作給這個朋友已不下4次，一開始我並不知情，因為那位朋友不敢跟我說，他有輕微憂鬱症，總認為浪費自己的時間沒關係，自己的時間不值錢，而閃電霹靂每次都不顧他的意願，直接丟檔案叫他做，沒有請求，更沒有詢問。

發現這件事之後，我把閃電霹靂約出來見面。對談過程中，她發現事情被我知道了，於是眼神飄移、狂抿嘴唇，默默地聽完我陳述整件事情的經過。沉默10秒後，我以為她就要承認

了，沒想到她像是刺蝟被戳到般，刺都豎起來
地說：「所以妳想怎樣？」

這句話在我們的對談中出現了3次，是的，我
無聊到去算她講這句話的次數。

說實在的，這是我人生中第一次遇到這種有理
說不清的狀況，我知道閃電霹靂是一個自尊心
很高的人，本意是想要她跟我朋友道歉，且保
證不再利用他，**但她連台階也不下，反倒拆了
自己的台階。**

我說：「所以妳不認為自己做錯事情嗎？」

閃電霹靂：「這是我們兩相情願的啊，而且我
都是工作實在忙不過來的時候，才拜託他幫忙
的。」

我：「但妳丟給他做的那天晚上，人不是在夜店嗎？而且妳不都是直接丟出檔案，叫他做嗎？」

閃電霹靂沉默了數秒，最後用兇狠的眼神說出至今還無人能超越的荒謬言論：「**我去夜店玩樂有助於提升工作效率，所以我去夜店等於在工作。**」

沒有錯，當我聽到荒謬至極的事時都會忍不住笑出來，我這次也毫無意外的笑了。在人生之中能遇到如此八點檔般的故事，真的是多虧有她。

另一個組員當時也在一旁，他聽完這番言論和我一起傻眼，最後閃電霹靂完全不承認自己有

一絲一毫的錯，最後我笑完以後（大概笑了10秒）就說：「如果去夜店都能被解釋成工作，那我就不提妳還有好幾次出去玩也把工作推給別人的例子了，反正在我的價值觀裡，妳說的我不認同，就祝我們分道揚鑣後各自美麗。」

系上的同學發現我們拆組的事後，紛紛向我道賀，恭喜我脫離苦海，還有更多人跟我分享他們也被捅過一刀的故事。這些故事就不提了，不然要拆成兩本書來說才行。

拆組之後，我才發現跟閃電霹靂同組半年以來的水逆都順了，連排便也跟著順了。

別說我才疏學淺
是你目光短淺

當父母的朋友們來到家裡作客，爸爸總會叫
我到冰箱裡拿幾瓶飲料給他們。有一次，我
拿了兩瓶飲料到客廳給叔叔阿姨，他們客套
地說不用不用，而我意思性地回答：「我都
拿出來了，沒關係啦，拿著喝吧！」但他們
還是說不用。

我想也許他們真的不想喝，於是轉身就要把飲料放回冰箱。這時，爸媽把我叫住，要我把飲料給他們，正想要提出他們根本不想喝的疑問時，他們竟然開心的拿走我手上的飲料。

「？？？？？？？？？？？？」
我困惑地看著飲料從手中被拿走。

看來我還是太年輕了，看不懂他們原來並沒有真正拒絕那兩瓶飲料。

這個世界很複雜，而我把它想得太簡單了。

我 不是錢
沒辦法讓大家都愛我

## 如果可以，誰不想要人見人愛呢？

人生是不公平的，

有人什麼都沒做還是被討厭，

也有人就像鈔票一樣，

什麼都沒做，

就能被大家所愛。

但我比較不一樣，

比起鈔票，

我更喜歡信用卡。

你長得很耐看
但我沒有耐心

在感情上，總不可能每當有人喜歡自己時就會
答應，所以拒絕時，必須要想出一套既委婉又
不會傷害到對方的說詞。畢竟喜歡自己的對方
是個有眼光的人，值得被善待。

高三畢業的那個暑假，我順利申請上大學，終
於有空閒時間做自己想做的事。

暑假剛開始，我就去家附近的麥當勞探朋友的班，店經理看到我時，就直接叫我不用面試趕快來上班，說我很適合當門市的外場，不知道是那個門市特別缺人、還是他看見了我當店員的潛力。有閒沒錢的我，立即去醫院做體檢，便進入麥當勞工作。

第一天上班時，工作到下午5點就可以回家，換好衣服準備要離開時，有位正職同事正好要接我的班，秉持著在職場上應該要與同事打好關係，便向他點了點頭示意，而他也對我點頭示意，在沒有交談的狀況下我就回家了。

回到家後，那個同在麥當勞打工的朋友立刻私訊我，問我怎麼認識那個正職的同事，我一臉

困惑，不知道發生什麼事，後來她截圖了和那位正職同事的對話，我們不過才匆匆打個照面而已，那位正職同事就在詢問我的聯絡方式，想約我看電影。

「？？？？？？？？？？」

「職場上大家都是這樣的嗎？」想著要不要在上班的第二天遞辭呈，我就是爛草莓。

在這之後，他的排班幾乎和我一致。解釋一下我的工作內容，基本上，外場除了負責點餐，還需要準備醬料包和飲料，如果外場太忙，就會讓一個內場出來支援。他負責內場，而一旦他出來跟我搭班，我就只要負責點餐就好，因為他會自動幫我完成後續的工作，讓我在第一

份打工就當薪水小偷。

大家的休息時間一定會錯開，是爲了應付店裡的人潮，每到休息時間，一次最多只能休息兩個人。有一天，經理說完我的休息時間後，突然把我拉到角落，面有難色地說：「那個某某某說要給我1000元，希望把妳的休息時間跟他排一起。」

我困惑了，錢這麼多的話，爲何不直接給我，而要給中間商？

沉默了一陣子後，我說：「那我也要抽成啊。」
「成！」經理爽快地答應。

最後當然沒有收錢，畢竟我還有生而為人基本的道義。

說起這兩個月的打工，根本是參加了一個能領錢的夏令營，甚至還參與了一年一度的員工旅遊。員工旅遊時，大家分組烤肉，旁邊有一區是自助餐區，他來到我們這一組，把我叫了過去，雙手拿著兩個碗，一碗紅豆湯、另一碗是炒麵，緊張地說這兩碗是幫我裝的，那時候的我想委婉表示，不是因為是他的問題才拒絕的。

「抱歉，你拿的這兩樣剛好是我討厭的食物。」現在回想起來我還是不夠委婉。

在這兩個月期間，我拒絕過他無數次，辭職了

以後也時常收到他的訊息，至今，每年生日他的祝賀私訊。雖然拒絕了他，對他感到抱歉；但如果答應了他，就會對自己感到抱歉。

他看起來不太像會看書的人，若他有緣能翻到這一篇文章的話，我想要誠心祝福他：「希望能找到懂得你的好的人，我們就此別過，各自美麗。」

憤怒時要先沉澱十秒
以免說出傷人的話
基本上十秒後我會發現
如果不用拳頭
真的無法解決

不論友情、愛情，一個人是否跟你很契合，除了氣場之外就是要看價值觀。

價值觀是否合拍，是需要時間去驗證的，可能要討論到某些問題時，才會知道對方的想法，比如說到寵物、談到領養；說到愛情、談到婚姻；說到工作、討論未來發展。

價值觀不像氣場，很難在第一次見面就看得出來。有些人氣場對了，談論不著邊際的事情時沒問題；但當雙方想法不同時，沒有好好的討論，反而硬逼對方接受自己的觀點，一次、兩次後，最後一定會有一方說：「哎，我們價值觀不合。」

每一個人的想法肯定不同，如果差異實在太大，有不少人會不想與他人起爭執而自動淡出。最後與你靠最近的，通常就是超級合的朋友們。不用強逼自己去融入不適合相處的人

們，找個最舒服的方式去與人交流，最後剩下的人雖然不多，但會使你自在。

F是一位很有自我想法的人，對事情常有獨到的見解，也能接受其他人的意見；她的個性十分活潑，卻也懂得享受一個人的時光；她的課業表現優異，一路唸到國外首屈一指的大學；但不時犯蠢的模樣，讓人感到沒有壓力。明明是母胎單身的她，卻時常給予友人感情上的建議。

前陣子，她在德國透過朋友的介紹，交到了人生中的第一個男朋友。兩人認識不久後，因為氣場很合便在一起了，那之後的兩週，不時在

朋友圈大放閃光。過了一個月，F開始跟我抱怨，說她受不了每一天都要與男友講很久的電話，如果沒有通電話，對方就會認定她不愛他了。其實我很訝異，我還以為德國人都比較喜歡多一點的自我空間。

「他是一個缺乏安全感的人。」F說。

除了這點，F就讀社會系，經常參與模擬聯合國的辯論。有一次，他們聊到政治話題，這是他們交往後第一次討論到這部分的議題，雖然是個輕鬆的聊天，但經過這次對話後，F才確信他們兩人的價值觀不合，於是在交往不到兩個月時提出了分手。

儘管在分手過程中F很堅決，但F的男友卻不肯放手，每天用訊息轟炸，控訴F在交往期間是不愛他的。訊息從一開始的懇求、指責，到最後的憤怒。F花了很長的時間，才讓他同意分手；而對方有個請求，希望能見最後一面並拿回自己的東西。

見面當天，他來到F的宿舍門口，手拿著花，開口第一句就是求復合，他認爲F所提的分手，並不是眞心的。對方深信人生如電影，所以要求復合要出其不意，才會這樣安排。F講到這裡時，我完全能想像到她當時的表情，應該是演繹出一個完美的白眼。

F最終還是擺脫了前男友，而我也恭喜她成功

脫離了長達兩個月的密室逃脫。

「欸，這樣聽下來，妳知道在交往前要怎樣確認這個人是可以交往的嗎？」我問。

不等她回答，我接著說：「可能要先跟對象來三場辯論，價值觀相符的人才能獲得交往機會。」

F又再度演繹了一記完美的白眼。

## 就接受應得的讚賞吧！

在世俗的眼光下，
當你誇獎對方，
而那個人沒有表現得很謙虛，
就會被投以質疑的眼光。

在這個時代，
有自信貌似變成一件負面的事情，
為什麼不能接受別人給自己的讚賞呢？
當你認真做了一件事而受到誇獎，
就接受吧，因為那是你應得的。

有些人自信到
我想把我的自卑分給他

有些人真讓我不禁懷疑
他受過的教育
是不是只有胎教

我自認是個擁有正義感，不論是自己或他人的
權益受到侵犯時，都會挺身而出的人。

在網路上看到很多關於被長輩要求讓位的話
題，我沒有遇到過，反而很常遇見熱愛插隊的
人，以下就來分享一個故事。

大三上學期去捷克交換學生時，假交換之名行旅遊之實的我，遊歷了15個國家，身爲一名窮學生，幾乎都搭最便宜的交通工具——夜間巴士，不但車資便宜，還能省下一晚住宿費，缺點就是睡覺空間狹小，若旁邊的座位空著，還可以擺放行李爭取多一些空間；假如太晚才上車，是找不到好位置的，就只能跟別人擠一起了。基本上，若搭夜車時，我都會提早到站排隊，確保有更多機會挑到好位置。

既然我都這麼想了，想必其他人也是這麼想，在漫長的等待中，偶爾就會有一些人想盡辦法來插隊。不過，如果是兩個人輪流排隊的話不算在插隊的範圍內，畢竟不一定要無時無刻在隊伍中。

有一次，我遇到了一位有著亞洲面孔、年約50歲的阿姨，在隊伍外面徘徊，雖然感到困惑卻沒有太過在意。直到她默默拖著行李箱走到我前面，我才驚覺自己是不是被插隊了；一來她只有一個人，二來她在這麼長的隊伍中，特地挑在我前面，可能因為我是她唯一看到的亞洲人。當時我感受到後面排隊人們的疑惑眼神，他們可能以為她跟我是認識的。

這一連串事情發生得太突然，當下的我愣在那邊，思索著該怎麼跟阿姨溝通，說英文嗎？還是用中文呢？如果我講出中文，其他人會真以為我們是一起的吧？掙扎了5秒鐘後，便出聲叫住她，用英文跟她說要去後面排隊，不知道是不是語言不通，她依舊面無表情地站著。

看她無動於衷，我就開始用中文甚至是台語，但她就是不肯移動到後面排隊，最後眼看大家要準備上車，怕她直接衝上去，於是，我很嚴肅地用英文並指向隊伍後面，要她去排隊，她才碎念了幾句中文離開，並走向隊伍後方。

嗯，原來她是想要假裝自己什麼都聽不懂，好來插隊的啊。

除了排隊以外，在台北讀書的我也遇過不少脾氣暴躁的公車司機，印象最深刻的那一次，大約是晚上7點，自從停靠某一站卻無人下車後，司機先生一聽到有人要按鈴要下車，都會大吼著：「是不是又有人不小心按到？後門那邊可以不要站人嗎？」

坐在最後一排的我看到後門那一區，其實一個人也沒有，頓時覺得毛骨悚然。

每到一站，司機就會先質問即將要下車的人，卻沒有人敢吭聲，大家就默默地站在出口處，聽他大聲罵完、開門、然後默默下車。終於開到我要下車的那一站，司機也一樣吼著：「是不是又有人亂按，到底誰要下車？！」其他乘客一樣安靜無聲，等待他罵完。這時，坐最後一排即將下車的我，以同等音量喊給最前方的司機聽：「我要下車！」

講完這句話後，司機瞬間安靜，前面的好幾排的人都轉頭看向我這邊，他們的眼神充滿著對我的respect。

下車前，我轉頭對旁邊的朋友用不大也不小的音量說：「如果我今天是聾啞人士或喉嚨不舒服的人，一定會因為按鈴後還莫名其妙不能下車而感到不解。」

回到家，朋友傳訊跟我說，在我下車之後，司機再也沒有大吼大叫了。

真是可喜可賀可喜可賀。

你是牙齒嗎
這麼敏感

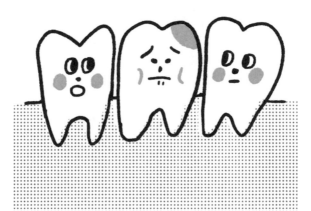

「心思細膩」跟「敏感」其實不一樣。

細膩的人，可以感知到他人的微小情緒，

而敏感的人，則會因極小的事做出大反應。

我覺得，當說一個人心思細膩時，

是肯定他們在感知到他人的小情緒或行為後，

做出了讓對方感到舒服的舉動。

而敏感的人則是在察覺後，

做出了令人不舒服的舉動，

例如牙齒遇到冰，

就讓你感到疼痛。

別當個像牙齒一樣敏感的人，

不然面對你，

我就會當個像胖虎一樣暴躁的人。

別跑，腦裡的水會撒
別跳，我不想收到地震簡訊
別唱歌，噪音是可以罰錢的
別告白，拒絕的詞我還沒想好
別當溫柔的傻子，
當個懂拒絕的討厭人

很多時候，我們雖然本質上不認同某件事，但基於不傷人的原則，會選擇用委婉的方式表達。

比如說，有人抱怨找到一份不好的工作，本質上我會想說，如果不要等到緊要關頭才忙著充實自己，是否能降低這件事發生的機率？但講出來的卻會是：「現在好好充實自己也可以呀，一定能找到理想的工作的！」

當別人跟你抱怨他的對象時，本質上我會以雙方都有責任的前提下，去聽他的抱怨，但誰不想要聆聽的人認同自己的觀點呢？當一個人在抱怨時，誰會不想從對方那邊獲取一些「你沒

有錯，是他太糟糕」這類偏頗的安慰話呢？

人都是需要被安撫的動物，與其說一些沒有幫助且難聽的話，不如說些一樣沒幫助卻會讓人好受的話。

而當遇上有人百般請求、希望我幫他們忙時，我向來很難拒絕友情的壓力。

有時想客觀地思考：「幫忙之後，我能獲得些什麼？」我能從中學習嗎？或是能獲得什麼具體的獎勵呢？但想到這裡，又會覺得自己身為朋友，實在太糟糕了。想要拒絕，但拒絕的話常常卡在喉嚨，最後又硬生生地吞了下去。

想當個討厭的人。

在這個世界上，如果沒有勇氣當個討厭的人，

最後就會因此成為討厭的自己。

如果你的世界下雨了
就去買把傘

「情緒勒索」這個詞在近幾年突然竄紅，在我的理解是，情緒勒索是你不小心讓對方期待落空，就會遭受嚴厲的譴責。每個人遇到一些狀況，總會有所期待，假如實際的結果與自己的期待不符時，該怎麼調適心情？你是否會抓住讓你期待落空的對象，加以責怪呢？還是會整理好自己的情緒，再與他人溝通呢？

「你們會來參加我的發表會嗎？」R興奮地說。

「畢典結束後我們跟另一群有約了欸。」我跟Z抱歉地回答R。

在此之後連續兩週，只要遇到了R，就會接收到她對於我們沒參加的微詞，說我們不重視她，說她原本很期待沒想到我們卻讓她失望，一次、兩次的抱怨，我們還能夠消化她的情

緒，畢竟我們無法參加對她來說很重要的事情，雖然我也再三向她保證，會好好地看現場影片，但她認為只有去現場，才是真正在意她的表現。

「我參加了你的發表會，你卻沒來參加我的，我很難過。」R對著Z說。

我想這真的很難過，但她的難過中更帶著憤怒，那股憤怒也讓R失控的在朋友圈裡發了極具爭議的限時動態。

怒火中燒的人，沒有辦法拯救自己，也連帶著燒到身旁的人。

陷入情緒沼澤的人，儘管知道事後會因為衝動而後悔，但還是做出了傷害他人的事，唯有能

抑制自己做出衝動舉措的那一刻，才能更懂得如何與情緒共存。

「我們很抱歉，沒辦法滿足妳所有的期待。」Z這樣說。

「滿足這個字眼很傷人，我們是朋友，所以不用滿足我。」R受傷地回答。

那是Z斟酌後得到最符合現況的一段話了。因為我們沒有滿足她的期望，所以被指責，儘管已經明確的表明我們做不到，但還是沒有達到她內心為朋友所設下的標準。當下的我們感到抱歉，卻也被勒索得難受。

我們的世界下了一場大雨，但每個人都選擇不撐傘，任雨淋濕自己，希望藉著大雨，把這些糾結沖散。

在與情緒和解的路上，我們還會淋上許許多多場雨，但我會願意陪你們站在雨中，因為在我心中，你們都是值得的，值得我放下撐傘離開的念頭，跟你們站在一起。

你的世界如果下雨了，我會願意幫你撐傘，是因為你是我的朋友。
但是，請不要因為我是你的朋友，就要求我在大雨中為你撐傘。

下雨了，請買把傘，沒有人有義務當那個為了你淋濕半邊身的人。

# 第四章
# 如果我下了地獄，
# 至少身邊有你

## ──關於好朋友

看到你
我就覺得如果我下了地獄
至少會因有你的陪伴
而不孤單

身旁朋友常常會對我說：「妳真的會下地獄。」

一開始聽到這句話時，會反省自己所做的事情是否太超過了呢？但他們的語氣並不是帶著厭惡，而是笑中帶一絲檢討意味。畢竟，如果他們沒有提醒我的不當言行，良心也會有所不安，只好意思意思的言語譴責一下。**聽多了以後，我就把這句話當作是誇獎。**

現在就來舉幾個「妳真的會下地獄」的事件。

愚人節對於學生而言，大概就是一年一度可以合理化整老師的日子。每到3月底，全班總是摩拳擦掌的計畫著該用哪種方式去整人。

高一時，我的位置是在離門口很近的第一排。

愚人節那天一大早大家便開始畫仿妝，有人畫在手臂上、腳上，而我則是畫了仿傷妝在右臉頰上，那是一道約莫5公分、看似不嚴重又令人想再靠近看的傷口，我們計畫了一個看似完美但現在來看卻是破洞百出的整人遊戲。

第三堂課開始，地理老師是一個溫文儒雅的人，他從教室的左側進來，但因為我把傷口畫在右邊，他並沒注意到。等到他站到講台正中央時，我開始故意展示我的傷口。**聽說一直盯著某人看，那個人就會不自覺地回看**，而我以令人感到壓力的方式盯著老師，果不其然老師看向了我這裡，也如我們所預期的，以驚訝的語氣說：「妳⋯⋯妳的臉怎麼了？」

這時，我忙著裝痛，而一旁友人則說：「沒有

啦……就是我們剛剛在搭學校電梯時，被電梯門夾到。」

友人刻意把右手放到桌上，意圖使老師看到她右手的傷，在這裡有很嚴重的破綻，到底我要以多奇異的姿勢走出電梯門，才能讓電梯門閃過肩膀、手臂和腿，然後夾傷我的臉？

原以為這個謊言即將被揭穿，但老師皺了皺眉頭，猶豫地說道：「那妳們要不要去健康中心一趟？」

好的，看來老師相信我真的以奇異的姿勢被夾傷了。

不到5秒後，老師又看了看我的臉，突然緊張地說：「妳的血又再流了！快去保健室！」

我經不起良心的譴責，馬上就告訴老師實情，

現在想起來，當時還是太善良了一點。

到了高三，我坐在第一排的正中間，想在這邊澄清一下，我並沒有特別矮，只不過座位一律採抽籤制，我的幸運程度都是落在前幾排。

高三時的愚人節，我和朋友們討論好要用「八寶粥計畫」來整特別受大家喜歡的生物老師，他是一位準備退休、熱愛大自然而且極為親切的好老師。

準備好事前工作後，之後就靠全班的演技了。

課堂一開始，我開始假裝身體不舒服，3秒換一個動作，一下撐頭、一下抱肚、一下摸腳，到最後自己也搞不清楚在裝什麼病，只好趴下來睡覺。

趴了約莫5分鐘後，坐在我隔壁的W開始展現她高超的演技。W舉手示意老師，說：「老師……她好像很不舒服。」

老師語帶沉重地說：「剛剛就看到她不舒服，沒關係，就讓她休息一下，不舒服就趴一下，如果真的很不舒服，再帶她去保健室。」

當老師說完這句話，我整理好情緒，緩緩坐起來，開始裝吐。一開始乾嘔，老師很緊張，問同學有沒有人有衛生紙，這種道具我們早就都準備好了。友人A給我衛生紙，友人B給我塑膠袋，其餘的人則是藏好手機錄下這一切。

我拿起塑膠袋放在桌後死角開始裝吐，實際上是搭配嘔吐的聲音，把抽屜裡的八寶粥緩緩倒進塑膠袋。倒完半罐後，我把那一袋看似嘔吐

物的八寶粥放在桌上，正當老師叫朋友把那袋綁起來丟掉時——

友人W拿走了袋子，卻不是把袋口綁起來，而是打開來，在老師大喊快綁起來時，W看著我說：「欸，這看起來好好吃！」

下一秒拿出湯匙，吃我的「嘔吐物」，並且吃得津津有味。

老師顧不上應有的冷靜，一邊喊著一邊跑到我朋友旁想把「嘔吐物」拿走。

W這才看向老師，挖了一匙「嘔吐物」問說：「老師，你要吃嗎？」

理智線近乎斷掉的老師試著保持冷靜的態度，往前一看，才發現那是八寶粥，知道真相後，我和朋友的手臂差點被老師打到需要進保健室的程度。

事後，我朋友依舊笑著對我說：「妳眞的會下地獄欸。」

「沒關係，至少你們都會在。」我笑著說。

有人問我
萬聖節為何不變裝？
我說
成天都人模鬼樣的
哪差這一天？

在申請上捷克交換學生後，我就開始期待萬聖節以及聖誕節。

萬聖節前夕，我和朋友搭夜車前往柏林，準備體驗道地的萬聖節氛圍，入住了一間在Airbnb上訂到的房間。

它的外觀破舊，牆壁斑駁、廁所門因為缺少了握把非常難開關，而且還使用舊式瓦斯爐，光煮一碗水得花上半小時。儘管條件不佳，但是十分便宜，所以身為窮學生的我們依舊選擇下榻此地。

到了洗澡時，我下意識把不怎麼好關的門關了起來，待我洗完澡後準備開門，才發現門扣自動上鎖，門因為沒有握把，根本打不開。

於是，我被困在一個僅一坪大還沒有窗戶的浴室裡，朋友無論怎麼從外面敲打門片也無法開啟，當我打電話給房東時，卻因爲他人在夜店，要我們自己想辦法。

我心中冒出一萬個可能，包括在廁所餓死、缺氧而死、沒參加到萬聖節所以哭死，再來就是被房東氣死。

之後我朋友在廚房拿了刀叉，試了近一個小時都打不開，直到用了某個特定湯匙的握柄從外面轉動，門就突然打開了。

「……」門開後，我們倆沉默地看著彼此。

「沒想到能看到你，是這麼感動的事。」我說。

原本打算洗完澡出來吹頭髮的我，頭髮早就乾了。

如果當初我是一個人入住的話，沒有人會幫我從外面拿工具、遞手機，也許要等三天後房東整理退房時，才會發現被困在浴室的我……

**而我真的會以另一種維度出現在世界上參與萬聖節。**

好好愛自己
畢竟沒有人愛你

我認為這世界上的人花太多時間去愛別人，卻渴望對方給予自己相同的愛，以為每一件事都是一場交易，投注的東西都被算計成可換算的數值。

「我今天陪你去買你想要的禮物，那你下次要陪我去逛我想逛的店。」
「為什麼你這次不幫我，我上次有幫你欸。」
「你上次鬧脾氣時，我可沒生氣，現在你憑什麼生氣？」
「我這麼愛你，你為什麼不愛我？」

這樣活著未免也太辛苦了，付出的當下，獲得的不是純粹的喜悅，而是為了換取回報的籌碼，天真的以為投出去的就能對等的回來。世界上除了**數理**，其他都無法遵守能量守恆吧？

朋友們時常問我有關愛情的問題，不知道他們只想隨意找人問問，抒發情緒，還是我已（憑藉一次的戀愛經驗）成為愛情領域的意見領袖。但我默默統整出他們常問的問題，其中之一是：「為何我付出這麼多了，他還是不喜歡我呢？」

我幾乎都會回說：「如果你是他，你會喜歡你自己嗎？」
九成的人都會沉默，剩下一成的人會有（不）自（要）信（臉）的說：「廢話，我這麼優秀！」

摒除那毫無參考性的一成人類朋友，看著那九成沉默的人，我就會說：「**你都無法喜歡上現**

在的自己，你覺得他有多大的機率會愛上你呢？」我認為這世界上會無條件愛你的人，大概只有你的父母。

大多數的人都會喜歡上比自己優秀的人，你眼光高，但別人眼光也不低，不能只單純的靠「付出多」就想換到對方的喜歡，這樣每個追星的人不就都能順利和明星交往（我還真希望能如此呢（喂））

一旦討論起這個話題，我都會叫他們在各方面好好的充實自己，請先愛上自己，將自己活成閃亮亮的人，才會使得同樣閃亮亮的人往你這靠近。

好好愛自己吧，畢竟如果連你自己都無法愛你自己，那別人也無法呢。

老實跟你說
你活到現在
純粹是因為別人善良

物以類聚，人以群分，在求學過程中總會有一群人跟你特別契合，聽得懂你的梗，會陪你一起人來瘋，難過時會想方設法讓你破涕為笑，但這些人也會讓你懷疑，他們能活到現在是否都是靠運氣。

我幾乎是一個滴酒不沾的人，有一次與朋友出遊時，才發現我喝了3%的酒超過兩口就會頭暈想睡覺。於是，在高三我生日的那天，朋友在我的水瓶裡加了一些酒，他們表示自己很善良，還有加水稀釋喔。

還記得那堂課是數學課，無聊的我邊聽著課，邊把玩著水瓶，課上到一半時，我喝起手中的水瓶，第一口入喉之後就發現不對勁，看著周圍開始竊笑的朋友們，翻了個白眼後，我打算

吃一顆B群提振精神，但我忘了我手中拿著的水瓶是含有酒精的，於是在吞B群時所配的還是酒。

意識到不對勁的我嚇得跟朋友借水，隔壁的W遞給我她的水瓶，在確保不含酒精便開始灌水，但在因為之前喝了幾口酒，頭開始暈，不知道我哪條神經不對勁，喝完水後又轉開瓶蓋，檢查裡面還有沒有水。

「咦，是不是沒水了？」我看著裡面，想把水瓶倒過來，傻眼的W還來不及阻止我的行為……。

「ㄆㄚ」的一聲，水從水瓶裡倒出，桌上的數學講義已面目全非。

「......」W無語地看著我。

「我想去尿尿。」我看著她說。

下課後，一群人陪著搖搖晃晃的我來到廁所，雖說把我帶進廁所了，但還是得自己一人解決，當我打開廁所門，右腳準備要跨過蹲式馬桶，應該是體內的酒精發作，導致我產生視差，一個跨偏，就跨進了馬桶裡。

過了沒多久，我走出廁所間，門邊的朋友們一臉困惑：「怎麼這麼快？」

不等我回答，他們就看到我濕漉漉的鞋子，於是開始爆笑。在清洗鞋子的過程中，我能清楚地記得沒有任何一個人來幫我，都只顧著笑。

到了放學——真不知道自己怎麼撐到放學的——在準備要訂晚餐時，他們突然拿出了一個

大蛋糕，開始對我唱生日快樂歌，感覺應該是要往溫馨的生日會活動邁進。

正當我開始感動的時候，才發現他們買的是我最討厭的芋頭蛋糕，但身為壽星，還是要意思意思吃下屬於自己的蛋糕，在我吃下去的當下，又覺得全身不對勁了。

啊！他們把我的蛋糕加辣！

除了不能喝酒之外，我還很怕辣，甚至連胡椒粉都不敢吃。他們在蛋糕裡抹了一層披薩店會附的辣椒粉，於是，我拿起水壺開始喝水，啊，喝下肚後才想起那是酒！

我也不知道是如何度過這一天的，只知道我帶給他們極大的娛樂，我也在隔一天開始期待朋

友們的生日了，因為那些日子都是可以假慶生
之名行霸凌之實的日子。

「你們之所以現在能笑，是因為我善良。」我
翻著白眼對著他們說。
「我們之所以能當朋友，是因為只有我們能包
容對方。」他們笑著說。

喜歡的東西不一定要有用
不一定要好看
不一定要討喜
這樣想的話
我發現我挺喜歡你。

前陣子很夯斷捨離，這是一件好事，因為能清楚知道自己需要的是什麼。當在社群媒體上看到自己的朋友都在實行時，我總會用「我是個念舊的人」當藉口，告訴自己，留在身邊那些五年十年不曾碰過的東西，都是因為念舊，而不是因為懶得整理。

我時常買到尺寸不合的衣服、買了卻不曾打開的小飾品、以為自己會寫的卡片、自認適合自己的各色化妝品、當下充滿理念卻難改舊習慣的環保吸管。甚至還買過超多同款相似的商品，真是該死的購物慾。

每一次的經驗都一再提醒我，喜歡的東西先不論有沒有用，但至少都要用過。

斷捨離可以省下一大筆開銷，但我不認為這個

方式適合自己，因為和朋友一起瘋狂購物真的很快樂。當我們對某項商品有興趣時，都會私訊彼此，希望從對方那獲得建議，心裡都知道對方一定會支持的。只要一個人詢問意見，另一個人就會接著入坑，原本是一人購物卻演變成團購買單，這樣一個拉一個的連帶效應，真的是屢試不爽。

一般人計算花費的方式，大抵都是以支出多少來記錄，但是我們不一樣。我們看的是這件商品以多少折扣購入，少花多少錢，因此，**每次購物後，都會感嘆自己又省下多少錢，成就了一場場的無痛消費。**

除了買太多的無用商品之外，因為念舊而捨不得丟。無法斷，無法捨，更無法離，隨著時間

的堆積，也在物品上疊滿了情感，能狠下心丟掉的決心也漸漸微弱。因此，我總會抱著「之後一定會用到」的心態，看待每一項東西。
偶爾在一片混亂的房間看到之前購買的東西，都會有回憶湧上心頭，透過物品回到當時買下那些東西時的感動。

是的，我又再為衝動購物開脫了。一定會有某個瞬間，你會覺得儘管它沒用，但在此時此刻看到它，感覺還真好。
有時候就只是單純的喜歡。儘管它並不完美，就是會有好的那一面，讓你能包容其他的不好，比如朋友，比如愛人。

每個人都有耍笨的權利

但你在濫用權利

我和朋友們感覺就是一群物以類聚的傻子們，雖說用「物以類聚」來形容一群人好像不是一個褒義詞。只要我們聚在一起，原本不高的智商會急遽下降，以下請聽我說個小故事。

我的媽媽是越南人，我上面還有一個哥哥。
媽媽來到台灣後，一開始因為家中經濟狀況不佳，一邊養著哥哥、照顧家庭，一邊還要忙著賺錢。生到第二胎我本人時，媽媽想將我先交給在越南的外婆帶。想歸想，**沒想到她的實踐力極高，剛出生第二個月，我就被外婆帶到越南**。按照我媽媽的計畫，應該會一直待到幼稚園之前。

不知道是因為飲食習慣（才兩個月能有什麼飲食習慣）還是水土不服，我到了越南後，雖然很乖，卻硬生生便秘了兩個月，不管用了什麼荒謬的偏方，就是無法排出堵在我大腸中的糞

便，外婆實在沒辦法，把我帶回台灣，我果然很爭氣的一到台灣就拉了。但這種便秘的情況直到我上小學才有明顯舒緩。

上面講了這麼多，但都不是重點；重點是我媽媽是越南人，因此我時常飛去越南，幾乎平均每年都會回去一次，從小就往越南跑，對於那邊的飲食文化也十分熟悉，尤其是我很喜歡吃大部分的人都很恐懼的鴨仔蛋，喜歡到每次去越南不吃個一兩顆就會覺得渾身不對勁。

鴨仔蛋是把即將孵化的小鴨煮熟，在吃的同時能看到牠的雛形，包括眼珠子、羽毛、喙，還有骨頭，也是台灣人排名前三不敢嘗試的越南美食。

與朋友分享鴨仔蛋時，他們雖然表示恐懼，卻仍想嘗試看看，高二時，為了滿足朋友們的好

奇心，我的中餐就帶了一顆鴨仔蛋。

中午一到，大家都圍在我旁邊，聽我解釋要怎麼食用。其中一個膽子比較大的朋友說想要嘗試看看，於是她拿起湯匙胡亂挖了一匙放進嘴中開始咀嚼。大家都在等她說出食用心得，只見她抬起頭若有所思，皺著眉頭，吞了一口後悠悠地說：「這口感……非常特別。」

最後還是把一小部分吐了出來，疑惑地問我：「為什麼有硬硬的東西？」

我定睛一看，默默跟她說：「因為妳一直在吃蛋殼。」

甚至還吃得津津有味。

這就是我的朋友，她沒吃過鴨仔蛋，但吃過一匙鴨仔蛋的蛋殼。每個人都有耍笨的權利，但這就叫做濫用權力。

靠臉吃飯不長久
所以我靠不要臉

每當我想到「同類相吸」這句話時，都會在內心裡嚴厲撻伐自己：「看來是我不夠好，身旁才會這些朋友。」

當然，我們也會想互相激勵，一起從萬劫不復的深淵回到人間。所以，我和W設定了一系列專屬於我們的遊戲方式，只要有一個人講出太地獄的東西或者是做了不符合道德標準的事情，就要罰10元。實行第一天結束後，我們就發現這個遊戲需要在多設一條規則，就是必須要有上限。

**因為如果沒有設上限，我們將能成為讓對方暴富的恩人。**

我們預計將這筆罰款作為我們的旅遊資金。那時，我們剛好準備推甄研究所，因此在推甄前

決定，一旦推甄上任何一所學校，就要直接買機票去大阪玩。

在設立這個目標後，懶散的我們又覺得推甄上研究所是一系列疲憊的過程，要先準備備審資料、找幫忙寫推薦信的老師、上網申請、等待一審、一審過後面試、面試過後的放榜等等。於是在準備備審資料時，我和W開始實行獎勵制度，一旦寫完備審，就互請吃個大餐，雖說互請不過只是聽起來有被「請」的感覺，事實上就是一人付一半。憑藉著對大餐的渴望，我們順利地生出備審資料。

寄出備審資料後等待一審的過程相當煎熬。下一個獎勵於是誕生了，只要一審通過，就再互請大餐。在之後的每一個步驟，我們都用這

個獎勵制度，慢慢熬過。等待放榜前夕，我們十分期待能雙雙上榜，這樣我們才能帶著我們的畢業袍，到大阪環球影城假裝自己是哈利波特。

最後很幸運的，我們兩個都上了交通大學，也順利用我們的共同罰款去大阪玩了一趟。

只要我們夠不要臉，就能不斷各種方法來獎勵並不勤快的自己。

## 無用生活指南

如何成為受歡迎的人？
首先，
你要有很多朋友。

如何投資大賺錢？
首先，
你要有一筆巨額做投資。

如何成功早起做事？
首先，
你要早起。

如何談一場戀愛？
首先，
你要有對象。

如何當一個值得被愛的人？
首先，你要做自己。
不管是怎樣的自己，
你都值得被愛。

嘿，在人生中，是不是有過一段低潮期，你知道自己沒有辦法高興，甚至是沒有任何其他情緒。情緒就是沉在那邊，感受不到活著的感覺，認為所做的努力都是徒勞，想抓點什麼但下一秒卻抓空，使自己又更沉了一些。

生活中本來就有很多無用的道理，天天聽別人講雞湯，自己卻喝不進去，聽多了雞湯反而認為自己沒救了。看著別人快樂，自己卻只能表面上笑給別人看，裝作自己其實很快樂，希望能獲得真正的快樂，就這樣一直假裝著，能否騙過不快樂的自己。

「我想我就是不值得被愛吧。」跟我很要好的友人R在吃著鐵板燒時，對我這樣說。
談正經事時，我都會適時沉默，先去聆聽對方想說的。

R繼續說：「在我大班時，爸爸出軌愛上了阿姨，而我媽選擇退讓，我跟著爸爸和阿姨開始生活。」

「我的爸爸媽媽不相愛了，但他們還愛著我吧？」R看著我，不等我回話，就接著說了下去。

我從那時候開始，變得很不快樂，阿姨的情緒化傷害了我，她時常摔東西洩憤，甚至有一次在我大班時，怕黑的我睡不著，於是敲了阿姨和爸爸的房門，希望能獲得一些光。也許是吵醒了阿姨，她生氣地拿著愛的小手打我，害怕的我跑回漆黑的房間裡，躲進被窩裡。突然間，黑暗對我來說並不可怕，可怕的是阿姨依舊不放棄地追進房間裡打我，我害怕得喘不過氣，在暈眩中看見爸爸就站

在阿姨背後，什麼話也不說，就這樣看著我。

我彷彿看到想抓住的光熄滅了，而這段失控直至我昏過去後才結束。

「如果老師看到妳的傷口，就說是我打的。」爸爸乞求地跟我說。

爸爸應該是很愛阿姨吧，願意幫她扛下。那誰能來幫我扛下我的難過呢？

我爸說他愛我，但那是一種責任的愛，是爸爸對女兒該有的愛。在大班到小學期間，阿姨常說，她和爸爸吵架都是因為我；爸爸常說，他深愛著阿姨；媽媽常說，要是沒有你我就自由了。而我常說的，只有對不起。

「可能是因為我不夠乖吧。」R無奈地笑著說。

講到這裡，鐵板燒的主食剛上，她擠出微笑說了聲謝謝，而我開始抽起衛生紙擦眼淚。

我的世界從大班開始崩塌，我墜下去了，但沒人接住我。

從那時開始，我會裝作自己很堅強。在家裡，我會扮演小丑的角色，演一齣快樂的劇本，讓他們看見快樂的我，或許他們也能跟著快樂，或許他們會更愛我些。被愛是多麼奢侈的事，我演了13年的快樂，希望能獲得愛，當作演出的報酬。

也許我就是那時候開始有了憂鬱傾向。

高中後不想回家，開始自傷，唯有疼痛時才會讓我感到活著。現在自傷時，我甚至感覺不到任何疼痛，只有當血在流，用衛生紙擦拭時，衛生紙的纖維吸附濃稠的血液後撕

開的當下，才會有感覺。啊，我還活著啊，怎麼還活著啊。大學時，去看醫生，並開始拿藥。這一切我爸都不知道，很怕像當時一樣，當他發現受傷的我，不能無條件地愛那個脆弱的我。好害怕又往下墜，好害怕失去假裝快樂的能力。

「那樣可不行，這樣的我還有什麼可以被愛的籌碼呢？」R低聲地說，彷彿是說給自己聽般。

「妳是值得被愛的，有我愛妳，還有其他朋友愛妳，妳不需要有條件地被愛，妳存在的本身就是被愛的理由。」我哭著講完這段。

說真的，我認為鐵板燒店不是一個適合談心事的地方，任何故事都會因為場地的關係少了點

味道。但那天，在沒有昏暗光線或酒精催眠下，我還是哭到抽掉半包在辦桌上會有的粉紅色衛生紙。

隔沒幾個月，R在IG摯友限時動態發了一個準備吞藥自殺的動態，在我看到的第一時間，其實距離她發文已經過了一個小時，我緊張得立刻打電話給她，沒多久有人接起電話，是另一個朋友剛到她家，準備幫她催吐。晚上11:36，我背了包包直接騎車去她家。

「啊，吞了20顆普拿疼和1顆安眠藥。」到她家後，我拿著垃圾桶裡的藥盒數著。

幫她催吐時，她又崩潰地直說對不起，像是小時候躲在房間的她。另一位朋友偷偷聯絡她爸爸。在我們心中，都知道R是需要被拯救的，她並不是真的想死，是希望有人能在乎她。R

是愛她爸爸的，在我們認識這麼久的過程中，都知道她希望爸爸能理解自己，也因為如此，我們嘗試各種方式去聯繫她爸爸。

R在吐不出來後跑到床邊，拿起美工刀準備自殘，當下我們把她架著，搶走她手上的美工刀，我不知道要藏哪，就把它丟進我的包包，在那之後她又跑去翻書桌，尋找自殘的第二把工具，剪刀。有了第一次搶奪的經驗後，這次簡單多了，我直接拿走剪刀丟進我的包包裡。

在這之後，她又在我們的攙扶下到廁所繼續催吐，吐了幾次後，發現她無法有效吐出藥物，於是準備帶她去掛急診。

R聽到我們說要帶她去掛急診時，十分抗拒，狂叫著說不要去看病，她沒事，可以的話，她想死在這裡。

「欸，這樣妳死了以後，我們這些朋友全部都會以第一目擊者身分被當做嫌疑犯欸。」既然無法強拉她去醫院，只好用其他方式說服她出門。「而且房東很可憐，租出去的房子突然變成凶宅。」「還有隔壁室友啊！他們大概會被嚇死吧。」

在我們三個人一搭一唱下，R看了看我們，略帶責備地說：「你們三個真的是神經病。」之後就跟我們搭車去掛急診。

掛號後，R躺上病床被拉進急診室，開始吊點滴。因為急診室裡只能兩個人進去，我和Z就進去，另一位就在急診室外繼續聯絡她爸爸。Z負責拿塑膠袋給R吐，而我負責跟護理師們說明R的資料還有狀況，在我講到一半時，R吐了，那聲音恐怖到我把準備跟護理師講的話吞

回去。轉頭看向R，她把一整袋塑膠袋都吐滿了，令人害怕的是，那一整袋穢物都是暗紅色的，且充滿血腥味。

護理師們貌似是看慣了這一切，淡然地輕輕一瞥，就繼續做自己的事，我和Z驚慌到手足無措，那裝滿穢物的袋子破了一個洞，裡頭的液體一滴滴直落到地上，於是，我又多抽了幾個塑膠袋把它裝起來，給護理師抽檢後綁起來丟掉。

半夜1點，R的爸爸趕來了，看到我們就低頭道謝，謝謝我們把他女兒帶來醫院。不過，看到R後，他就站在一旁，不知道該跟R說些什麼，可能是害怕說出口的話會再度刺激到她。他大部分就默默待在旁邊看著，適時問個幾句。我們三人在R狀況穩定後，於凌晨3點半離開醫院，讓R跟她爸爸獨自相處。

隔天中午醒來後，我直接打電話給R，基本寒暄後就詢問她和爸爸後來的狀況。

「我們好多了，昨天那一晚我們談了很多，感覺關係比之間好多了。」

「還有我不會再嘗試吞藥自殺了，吐了一整晚真的太痛苦了。」

R的聲音聽起來明顯比昨天好多了。

「醫生說，如果再多吃幾顆，或是沒有及時就醫，可能就會死掉。」R繼續說。

「那還好有我們在半夜衝進妳家把妳拉出來。」我笑著回覆。

「你們三個真的是神經病。」R這一次，是笑著說。

對啊，我們三個就是神經病，三個明白妳值得被愛的神經病。

長期失眠的R終於可以好好的睡一覺，到天上去當漂亮的天使。我們會一直記得她，而她依舊值得被我們所愛。

## 我的媽媽記憶力不好

我媽媽記憶力不好
一樣的劇看了三次
還能捧腹大笑

我媽媽記憶力不好
可以輕易忘記
別人的謾罵批評

我媽媽記憶力不好
常常買了東西忘了拿

我媽媽記憶力不好
一天到晚
一直問我吃飽了沒

我媽媽記憶力不好
但她還記得我愛吃的菜

我媽媽記憶力不好
儘管她忘了我的名字
但她望著我時
眼底還有愛

每天與家人見面，是否就難以發現他們的衰老？發現家中的長輩老了，都是一瞬間的事，像是他們在廚房裡忘了剛剛要拿的調味料、出門跌倒後需要人攙扶才能站起來、晚上時跟你借鏡子拔後腦勺的白頭髮，往往要看到這些事情，才會發覺：啊，當我們在成長時，父母同時也在老去。

這一篇其實是看到外婆逐漸健忘的感慨。

我的外婆是越南人，從我媽媽嫁來台灣後，外婆幾乎每兩年都會來台灣一次，每次停留一兩個月。在2019年的9月，68歲的外婆又獨自一人搭乘飛機來台灣找我們。在台北讀書的我，儘管有報告和學校雜事纏身，但在那段時間裡我

堅持每週都會回新竹一趟，為的就是爭取與外婆相處的時光。

雖然每次回去的時間只有兩三天，外婆都會堅持要和媽媽在高鐵站等我回家，一上車就開始興奮地跟我說著，今天又準備了哪些越南料理給我吃，聽著她的開心語氣，都讓我感到很幸福，幸福到完全除去趕車的疲憊。

與外婆短暫相處的時間，我發現外婆開始自言自語。一開始我以為外婆是在對我說話，所以會再問一次外婆剛剛說了什麼，當我詢問完，外婆就會一臉疑惑地看著我說她沒有說話。在2018年時，外婆並沒有這樣的狀況。經過幾次之後，我開始觀察外婆的生活日常，由於她是

華僑，中文講得很溜。但在這幾天，我發現外婆的語言能力逐漸退步，她想要說話時就會停頓，因為她在想著要用什麼詞彙。想要跟我分享一些事情和看過的節目時，卻忘了想要說的話。我能感受到她努力回憶起要說的事情，而她實在想不起來的懊惱表情，也讓我很受傷。

外婆真的老了，會不會下次見到她時，她就忘了我喜歡吃的食物、忘記我們家的擺設、到最後忘記我的名字、忘了我是誰也忘了她自己是誰？也因為這樣，在外婆來訪的最後幾週，我都會竭盡所能地搭最早的班次回家，最晚的班次返校，拉長與外婆相處的時間。

10月，我帶著外婆到新的市集，路上經過小時

候她常帶我來的公園，她停下腳步，也停下原本的對話，我靜靜地等著她，試著猜她原本想跟我說的事。

「妳還記得小時候我帶妳和哥哥來這裡玩嗎？」外婆望著有一群小孩正在喧鬧的公園。

「那時候你們還這麼小，總吵著要來這裡玩。」外婆比劃腰間的位置，笑著說。

我順著她的手望過去，心想，就算到最後外婆忘了我的名字，但還是會像以前一樣無條件愛著我吧。

# 後記

我們身處天堂，卻嚷嚷著在地獄，我們無病呻
吟，最後卻吟出了病。

每天總會有大小事壓著自己，不自覺把自己
放在這世上最悲慘的位置上，總喊著壓力太
大，自己有多麼不幸。我認為，所有經歷過的
痛苦都是值得被看重的，在嚷嚷著的同時也要
認真前進，只不過，前進的方式，其實並不只
有「面對」這一條路。我不認為面對痛苦後，
痛就會好起來，那個痛也許只是被你強硬地洗
刷掉，你假裝笑著講出來，但在某個時刻一但
想起，還是會感到窒息般的難受。痛還是會存
在，而我們要學著與之共存，知道它就在那，
同時也明白，它已經無法傷害你。

我想在整本書的最後，說說在我20歲時，外婆告訴我的故事。

前面提過，我的外婆是越南華僑，在她20歲時，越戰來到了最後爆發的階段。當時她的媽媽在中越，而外婆和妹妹們都在南越，外婆所在的村落裡大家正準備逃難，等不到媽媽的外婆，只好帶著妹妹們隨著村裡的人逃難。

逃難過程不像打遊戲般，受傷了用繃帶就能補充體力、死亡後還能再重來一場。

「那時候，水就是生命，很多人喝到有毒的水，在逃難過程中死亡。我叫妹妹們到一旁，自己跑去一個軍人的屍體旁拿起他的頭盔。我當然很怕，也覺得對阿兵哥很抱歉。在他身旁

唸了一段經文後就跑回去，用那個頭盔煮水給大家喝。」

外婆像平常一樣，笑笑地說著這段往事。

驚訝中的我，不知道該問什麼問題，過沒多久外婆又繼續說起戰爭時的情況。

「那時候，整個村子的人只要聽到槍擊聲，就會趴在地上。有一次當槍聲結束時，我看到旁邊有一位男生跟我一樣趴著，就我拍拍他的肩膀，想叫他起來一起逃難，不過很快我就發現那已經是一具屍體了，他的年紀跟當時的我差不多。」

講到這裡，外婆放慢了速度，彷彿回到了當時的情景。

「可是那時候我只來得及幫他闔上眼，沒有唸經文，因為真的沒有時間了……」

外婆的口氣，就像是在對幾十年前那位20歲就因為戰爭而死的男生道歉。我很想說因為是戰爭所以沒辦法，但又覺得無法講出口，因為我沒經歷過，就算說了，也無法幫助到外婆。

「在1975年，妳媽媽出生了。」外婆笑著看著我說：「我和妳外公想帶著妳媽媽一起逃到泰國，但是國界被封了，所以我們還被關進監獄裡呢。」

「那時候，我在戰場上撿到一個黑人小孩。因為我妹妹是聾啞人士、又沒有小孩，所以我把黑人小孩交給你的姨婆，後來她帶著黑人小

孩,一起移民去美國。」

之後。外婆的兩個妹妹都去了美國。往後的幾十年,一家人見面的次數屈指可數。戰亂後,外婆好不容易和她的媽媽團聚,不過所有的家產都已經蕩然無存,生活必須從零開始,戰爭後唯一留下的,似乎只有絕望。

「妳那時候才20歲啊。」我看著外婆說,想著剛滿20歲的我,如果經歷了那些,該如何面對。

「這些都是命啊,我度過了戰爭,妳爸爸來到越南工作,遇到了妳媽媽,他們結婚後有了妳和妳哥哥,而我來台灣找你們,在這邊跟妳說這些以前的事。這些都是命,命讓我擁有了你

們，我認為我的命很好。」

外婆拉著我的手，彷彿剛剛講的不是戰爭，而是一個再平常不過的生活故事。

是啊，每個人都會有自己的故事，都會有自己的快樂與不順遂，儘管我時常厭惡這個世界，但活在這世界上，還是有那些讓你願意走一趟人間煉獄的人事物存在，我之於外婆如此，而外婆之於我，也是這樣的存在。

如果你看到這裡，也想起了某些人、某件事，那就太好了。

--dooing--
初生之犢

# 人生中的廢棒，我又廢又棒

作　　者｜dooing（莊明華）
發 行 人｜林隆奮 Frank Lin
社　　長｜蘇國林 Green Su

**出版團隊**

總 編 輯｜葉怡慧 Carol Yeh
企劃編輯｜許芳菁 Carolyn Hsu
封面設計｜謝捲子
插　　畫｜小犬工作室
版面構成｜譚思敏 Emma Tan

**行銷統籌**

業務處長｜吳宗庭 Tim Wu
業務主任｜蘇倍生 Benson Su
業務專員｜鍾依娟 Irina Chung
業務秘書｜陳曉琪 Angel Chen、莊皓雯 Gia Chuang
行銷主任｜朱韻淑 Vina Ju

發行公司｜悅知文化　精誠資訊股份有限公司
　　　　　105台北市松山區復興北路99號12樓
訂購專線｜(02) 2719-8811　　　訂購傳真｜(02) 2719-7980
專屬網址｜http://www.delightpress.com.tw
悅知客服｜cs@delightpress.com.tw
ISBN：978-986-510-095-7
建議售價｜新台幣320元
首版一刷｜2020年08月　　　三十刷｜2024年05月

國家圖書館出版品預行編目資料

人生中的廢棒，我又廢又棒／dooing（莊明華）著. -- 初版. -- 臺北市：精誠資訊，2020.08
面；　公分
ISBN 978-986-510-095-7 (平裝)
1.人生哲學 2.生活指導

191.9　　　　　　　　　　　109010909

建議分類｜心理勵志‧自我成長

**著作權聲明**

本書之封面、內文、編排等著作權或其他智慧財產權均歸精誠資訊股份有限公司所有或授權精誠資訊股份有限公司為合法之權利使用人，未經書面授權同意，不得以任何形式轉載、複製、引用於任何平面或電子網路。

**商標聲明**

書中所引用之商標及產品名稱分屬於其原合法註冊公司所有，使用者未取得書面許可，不得以任何形式予以變更、重製、出版、轉載、散佈或傳播，違者依法追究責任。

**版權所有　翻印必究**

本書若有缺頁、破損或裝訂錯誤，請寄回更換
Printed in Taiwan